JÓVENES SECTARIOS

La acción de las sectas en niños y adolescentes

MARÍA SALOMÉ BENOIT

JÓVENES SECTARIOS

La acción de las sectas en niños y adolescentes

de buena tinta

de buena tinta
Calle de la Playa de Riazor, 12
28042 Madrid
Teléfono: 91 594 09 22
www.edicionesdebuenatinta.com
info@edicionesdebuenatinta.com

Diseño de cubierta: Lantia Publishing S.L.

Primera edición en *de buena tinta* : julio de 2014

ISBN: 978-84-942594-7-0
Depósito legal:

Composición: Francisco J. Arellano
Impresión: La biblioteca del laberinto, S. L. (bibliotecalaberinto@yahoo.es)
Impreso en España — Printed in Spain

A mi familia, quienes con mucha paciencia soportaron mis horas de trabajo, a la licenciada Brauning, quien constantemente me alentó y estimuló, al licenciado Baamonde, quien me transmitía sus conocimientos de una manera desinteresada y sin reparos apoyando en todo momento mi investigación.

Deseo que este trabajo sirva como un pequeño aporte a las familias involucradas en este terrible flagelo, para nunca perder la esperanza.

SALOMÉ BENOIT

Cuando encuentres la gente más amistosa que hayas conocido, que te introduce al más adorable grupo que hayas jamás encontrado, y encuentras que su líder es la persona más inspirada, cuidadosa, compasiva y comprensiva que hayas conocido, y en ese momento te enteras que la causa del grupo es algo que nunca habías esperado que pudiera ser encarada, y todo esto suena demasiado bueno para ser cierto, ¡probablemente es demasiado bueno para ser cierto! No dejes tu educación, tus esperanzas y ambiciones para seguir un espejismo.

ALFREDO SILLETA

Nuestros hijos siguen a estos flautistas que tocan una tonada que dice: «Ven con nosotros. Abandona este mundo de empleos y presiones con tantos problemas y padres. Nosotros pensaremos por ti, te cuidaremos, tendrás un lugar libre de ambiciones. Aquí está el amor. Ven, síguenos».

LEE HULQUIST, *Siguieron al flautista*

Si vuestra mente os causa problemas, entregádmela. A mí no me estorbará.

GURÚ MAHARAJ JI

ÍNDICE

PRÓLOGO

Ya hace muchos años que tomé contacto por primera vez con la problemática de las sectas o «nuevos movimientos religiosos».

Mi tarea profesional como trabajadora social, especializada en adolescentes y familia, hizo que profundizara mis básicos conocimientos sobre esta problemática.

En este camino fue que conocí a José María Baamonde (1959-2006), y tuve la posibilidad de trabajar a su lado en la Fundación SPES (Servicio para Esclarecimiento en Sectas), que él fundara y presidiera con su extraordinario espíritu de servicio, generosidad, bondad y honestidad, dignas de un gran cristiano como él lo era.

SPES (en latín, significa *esperanza*) era una entidad en donde trabajaban profesionales de distintas disciplinas para que, cada uno desde su especialidad, hiciera su aporte en la información, formación y ayuda concreta a los individuos y familias que estaban siendo golpeadas por este flagelo.

José María siempre hablaba de esperanza: esperanza como virtud, esperanza en el ser humano y su fe, esperanza para que los hombres pudieran caminar por la senda de la verdad y la libertad, evitando caer en la esclavitud y la dominación.

El ser humano siempre necesita creer en algo superior, en un Poder Superior, en un Dios, y estos nuevos movimientos religiosos ofrecen una respuesta rápida y mágica a estas necesidades básicas humanas, convirtiendo al individuo, al poco tiempo, en un esclavo.

Tras la publicación de *Sectas y sectarios* (Ediciones De Buena Tinta, 2013), esta obra que aborda aspectos muy concretos sobre esta plaga, ha sido escrita como un sentido homenaje y un tributo personal hacia el licenciado Baamonde, consignando por escrito cada palabra que él me indicaba que escribiera. Su publicación pretende ayudar al lector a conocer la realidad de estos nuevos movimientos que se mueven entre la magia y la locura, subyugando especialmente a los jóvenes y a veces a familias enteras.

En *Jóvenes sectarios* están recopilados algunos de sus cursos, textos, palabras y hasta las conversaciones que manteníamos cuando tuve el honor de trabajar con él. Incluso hay una entrevista que le realicé con ocasión de la redacción de este libro, días antes de que se marchara a vivir a España. Siempre me decía que, una vez editado el libro, le enviara una copia.

En su honor, y con todo mi respeto, los invito a conocer más sobre este moderno tipo de esclavitud, de la mano de don José María Baamonde.

Para no perder la esperanza...

I
EL PROBLEMA DE LA TERMINOLOGÍA Y LAS DEFINICIONES

A la hora de iniciar un acercamiento a esta temática, muchas son las dificultades con que nos enfrentamos, y una de ellas consiste en que hasta el momento no se ha podido lograr una definición del término *secta* que satisfaga a todos los investigadores, así como también que pueda abarcar a todos los grupos que van surgiendo día a día.

Acertadamente el director del CESNUR (Centro Studi sulle Nuove Religioni), Massimo Introvigne, señala que «es difícil valorizar una definición como verdadera o falsa. Expresiones como "nuevos movimientos religiosos" o "sectas" pertenecen a una pluralidad de lenguajes, y es necesario precisar si uno se mueve en el ámbito de la historia, de la sociología, del trabajo social o de la teología. Muchas definiciones propuestas en el ámbito académico se presentan explícitamente como meros instrumentos de trabajo, que hay que considerar según su capacidad de aclarar y explicar los resultados de una investigación o de favorecer investigaciones ulteriores. Existen también muchas personas que utilizan palabras como "sectas" o "nuevos movimientos religiosos" fuera del debate científico. Nace así una cultura de punto exclamativo, que puede fácilmente desviar a quien no se percate inmediatamente de que las mismas palabras en las mismas lenguas pueden tener significados y también resonancias psicológicas diversas. No tiene, seguramente, el mismo significado la palabra "secta" en el lenguaje de los especialistas que en el del periodismo, o en el lenguaje cotidiano del hombre común».

El concepto de *secta* ha ido evolucionando con el correr del tiempo. Al principio, dentro del judaísmo, se utilizaba para la designación de las corrientes internas, como por ejemplo los esenios, y así el cristianismo fue tomado inicialmente por los romanos.

Más adelante el vocablo *secta,* empieza a remitir a la idea de separación, en contraposición del credo dominante. En las epístolas de Pablo puede observarse cómo utiliza el término griego de secta *háiresis* para contraponer el de *ekklesía.*

Así, alternativamente, y ya contando con cierta carga peyorativa, el judaísmo empezó a calificar de secta a los cristianos, los cristianos a los mahometanos y, estos últimos, a los dos primeros. En los siglos XVI y XVII se dieron hechos similares entre católicos y protestantes recíprocamente, felizmente hoy superados.

A continuación señalaremos algunas de las tantas definiciones posibles, conjuntamente con sus respectivas dificultades.

Definiciones etimológicas

Etimológicamente, el término *secta* proviene del latín y posee dos acepciones distintas. Una de ellas es *sequi,* que significa seguir; la otra, *sectare o secare,* que significa seccionar, cortar, separar. En este sentido *secta* sería todo aquel grupo que sigue a un maestro o doctrina en particular, así como también todo aquel grupo que se separa o corta de un tronco doctrinal específico.

El inconveniente de esta definición consiste en que la misma no logra una distinción efectiva entre estos movimientos y las religiones clásicas o tradicionales, ya que estas últimas también se han generado a partir de un grupo de personas que seguían a un maestro o doctrina en particular; como así también, la mayoría de ellas en sus orígenes se ha escindido de un tronco doctrinal especifico.

Definiciones sociológicas

La mayoría de las definiciones de carácter sociológico parten de un paralelo efectuado con la noción de *iglesia,* resaltando en mayor o menor medida alguno de los tantos elementos característicos de estos grupos, y generalmente aunando las dos alternativas etimológicas. De esta manera definen el término en cuestión como «grupos pequeños que siguen a un líder carismático y que se han desprendido de un movimiento o iglesia estructurada».

Definición por fuentes extrabíblicas

En 1986, el Secretariado para la Unidad de los Cristianos de la Santa Sede, a través del documento *Sectas y nuevos movimientos religiosos. Desafíos pastorales,* recurre para la definición de secta al uso de fuentes extrabíblicas. En este sentido *secta* sería todo aquel movimiento que utilizara un libro, texto o mensaje que se encontrare en igual o mayor nivel de importancia que las mismas Sagradas Escrituras. Es decir que para entender la Biblia, forzosamente habría que sujetarse a este otro libro.

Éste sería el caso de los mormones, con *El libro del mormón*; el de la Iglesia de la Unificación, con el *Principio divino*; el de los adventistas del Séptimo Día, con el libro *El conflicto de los siglos*; y el de los Niños de Dios o La Familia, con *Las cartas de Mo.*

La dificultad que encierra esta definición es que sólo nos serviría para englobar a aquellos grupos de origen cristiano o paracristiano, es decir, aquellos grupos que utilizan la Biblia. Pero no alcanzaría para aquellos movimientos de origen orientalista, pseudocientíficos o de rehabilitación personal, o del desarrollo del potencial humano, que no necesariamente la utilizan.

Definición ubicacional o geográfica

En mayor o menor medida la noción de *secta* se encuentra relacionada a un ambiente sociocultural específico. Para Rodney Stark y William Sims Bainbridge el término *secta,* para definir a uno de estos movimientos, se va a dar según el estado de tensión con el ambiente sociocultural circundante, llegando a la posibilidad de que un mismo grupo pueda aparecer más *eclesial* en una región del mundo, o más *sectario* en otra.

Un ejemplo de ello lo podemos encontrar con el budismo de tipo *lamaísta,* que es el practicado en el Tíbet. El mismo siempre ha sido considerado una religión; pero fuera del ámbito sociocultural y geográfico específico que es el Tíbet, podría para algunos investigadores revestir características sectarias, tanto más cuanto más alejados se encuentren sus adherentes de dichos patrones.

Algunos autores también distinguen en relación a la actitud que adoptan ciertos grupos, en diversos territorios. Se suele señalar aquí, a manera de ejemplo, a la Iglesia de Jesucristo de los Santos de los Últimos Días o *mormones.* Los mismos son mayoría en el Estado de Utah, EE.UU., y difícilmente pueden considerarse secta en dicho lugar. Pero sucede que en más de una oportunidad es posible observar a integrantes de este movimiento en *terreno de misión,* adoptando actitudes y desplegando actividades merced a las cuales podría caberles la tipificación de secta.

Definiciones fenomenológicas

Todas estas dificultades han provocado que, en general, se tienda a buscar definiciones de carácter fenomenológico o conjunción de una serie de características que abarcarían aspectos sociológicos, psicológicos y religiosos. Es decir, todo aquel grupo que reúna una serie de características en estos tres niveles, y no tan sólo en uno de ellos, tendería a ser considerado secta.

Una de las definiciones fenomenológicas más utilizadas, especialmente por grupos de estudio ubicados en la corriente denominada *anti culto,* es la dada por el Congreso de Wisconsin, en 1985, el cual considera a las sectas como «movimientos totalitarios que pueden presentarse bajo las formas de entidad religiosa, asociación cultural, centro científico o grupo terapéutico, que utiliza técnicas de persuasión coercitiva para que todos los miembros pierdan su identidad y dependan del grupo, abandonando su entorno familiar y social».

El inconveniente que radica en este tipo de definiciones es la dificultad que se presentaría a primera vista en una persona no muy avezada en la temática, para distinguir entre una secta y un movimiento perteneciente a cualquier religión clásica o tradicional que pueda manifestar en ciertos aspectos una actitud sectaria.

En lo atinente a la actitud sectaria, el informe antes mencionado del Secretariado para la Unidad de los Cristianos consigna acertadamente que «algunas mentalidades o actitudes de secta, por ejemplo la intolerancia o el proselitismo agresivo, no constituyen necesariamente una secta. Estas actitudes se pueden encontrar también en grupos cristianos o dentro de algunas iglesias o comunidades eclesiales. Sin embargo, estos grupos pueden cambiar positivamente mediante una profundización de su formación cristiana y a través del contacto con otros cristianos. En este sentido, estos grupos pueden crecer dentro de una mentalidad y actitud mayormente eclesiales».

De todas formas, y a manera de resolución del último problema, podemos decir que la actitud sectaria se registra a veces, aunque generalmente es una excepción, dentro de las religiones clásicas o tradicionales. Pero para llegar a un diagnóstico objetivo habría que distinguir en un principio si tal comportamiento obedece a un grupo en sí, al que dirige dicho grupo, o a la actitud de tan sólo un integrante.

Finalmente debemos agregar que las diferentes religiones poseen una estructura que posibilita, una vez detectada dicha actitud, su pronta corrección. En las sectas esto no ocurriría ya que ellas sí contendrían, en forma ontológica, una conformación en base a estas características.

Términos alternativos

A la dificultad de las definiciones también se suma el carácter despectivo, peyorativo que, con el correr del tiempo, ha adquirido el término secta y que en un principio no registraba. Esto ha provocado, especialmente con advenimiento del diálogo ecuménico y el diálogo interreligioso, que se buscaran términos alternativos como el de *confesiones* o *denominaciones,* especialmente dentro del amplio espectro protestante; o vocablos como el de *culto*, sobre todo en los países de habla castellana, ya que el mismo término en la lengua inglesa, posee toda la carga despectiva del término secta en el idioma español.

En el ámbito católico, aunque no únicamente, comenzaron a utilizarse términos tales como *nuevos movimientos religiosos* y *movimientos religiosos libres* que entrañan, de alguna manera, una definición.

En lo que respecta al primero de ellos, surge una dificultad en razón de que no hay un total acuerdo entre los distintos investigadores para circunscribir a una época específica a partir de la cual deba asignárseles el carácter de *nuevo* a los diversos movimientos. Para algunos habría que empezar a contabilizar a partir del siglo XIX, para otros a partir del siglo XX.

Asimismo es de resaltar que algunos hablan ya de *últimos nuevos movimientos religiosos* o *neoreligiones* para abarcar a aquellos que surgieron luego de la primera mitad del presente siglo, aumentando la confusión consecuente y sin tener en cuenta que, en realidad, es muy poca la novedad aportada por muchos de estos grupos, los cuales no hacen más que resucitar viejas creencias con tan sólo algunos cambios.

En cuanto al segundo, no queda muy claro la adjetivación de *libres,* razón por la cual casi ya no es utilizado, salvo por un número pequeño de investigadores.

¿ES POSIBLE UNA DEFINICIÓN?

A estas alturas del problema surge, indudablemente, una pregunta: ¿es posible alcanzar una definición que abarque a todo el fenómeno?

Al parecer va ganado consenso entre los investigadores la idea de que un fenómeno tan vasto y polifacético como el que nos ocupa, es imposible de ser abarcado con un solo vocablo o tipificación, que encierre una definición. En todas las posibilidades mencionadas precedentemente, encontramos que las mismas tienen al menos tantas ventajas, como desventajas.

Noostros propondremos el término de *nuevos movimientos religiosos,* ya que amén de no contar con el carácter despectivo o peyorativo de la palabra *secta,* no creemos que pueda presentar la dificultad sobre el aspecto de novedad antes mencionado, ya que si bien algunos de estos grupos abrevan sus creencias en doctrinas antiguas, la mayoría se ha constituido como movimiento u organización en periodos relativamente recientes.

De esta manera podríamos decir que los nuevos movimientos religiosos, en contraposición de las religiones clásicas o tradicionales, son: «Grupos que por lo general se han escindido de otro movimiento, estructurándose en periodos relativamente recientes, y haciendo resaltar algún aspecto particular de la doctrina sostenida anteriormente, o bien reinterpretando distintivamente el sistema de creencias del cual surgieron, creyéndose a su vez como únicos depositarios de la Verdad absoluta, lo cual como consecuencia dificulta en la mayoría de los casos el logro de un diálogo ecuménico y enriquecedor con otras creencias».

A partir de esta definición podemos también, asumir categorizaciones específicas en el caso de ciertos movimientos que, por sus particularidades, puedan ser clasificados como *nuevos movimientos religiosos de características sectarias,* si además «cuentan con una serie de características particulares en el aspecto religioso, sociológico y psicológico».

De todas formas es importante resaltar que, frente a un tema tan amplio y complejo, es imposible la utilización de un solo término, debiendo adecuar los mismos según el tipo de investigación o trabajo que se desarrolle, ya sea en lo sociológico, psicológico, teológico, pastoral, periodístico, jurídico o educacional.

II
UNA APROXIMACIÓN A LA TERMINOLOGÍA SECTARIA

Observemos cuál es el punto de vista y la descripción que le dan diversos teólogos, sociólogos y psicólogos al concepto de la palabra secta.

DESDE LA RELIGIÓN

El sacerdote Jean Vernette la define así: «La secta es la expresión privilegiada de la contestación de las capas interiores de la sociedad. Nace de una voluntad de fraternidad, de igualitarismo, de comunidad y del compartir. Se funda en el compromiso personal y el sentimiento interior a una ética más radical que aquella que sustentan los miembros de las Iglesias».

Francisco Sampedro, en un trabajo realizado para el Consejo Episcopal Latinoamericano (CELAM), expresó: «La palabra secta designa un grupo de personas que, en la fe o en la acción, o incluso en ambas, se distinguen de otros grupos adheridos a un sistema homogéneo. Los que adhieren a una secta tienen un modo particular de entender un determinado punto central del cristianismo, que lo califica de *disiden-*

tes respecto a una forma a la que se reconoce dotada de autoridad doctrinal histórica».

Para Atilio Alaiz «las sectas son un subproducto de una situación real y eclesial; son el foco, el divieso en el que se polariza la infección que está contagiando a todo el organismo social y eclesial».

Desde lo social

Para Bryan Wilson una secta es «una agrupación voluntaria y exclusivista a la que se accede mediante cierta prueba de méritos, dotada de un estatus de elite, autoidentificable y legitimada —por lo general— en torno a un líder carismático, que exige de sus fieles un sometimiento absoluto».

Por su parte Rogerl Mehl expresa que «la secta se caracteriza por ser un grupo religioso cerrado que nace por oposición a las Iglesias institucionales establecidas y por oposición al mundo. La secta se nutre de esta doble oposición, que a menudo se traduce para ella en una doble persecución, la de las Iglesias y la de los Estados. Las primeras denuncian en los sectarios, peligrosos fanáticos que ponen en peligro la unidad de la Iglesia y su autoridad; los segundos ven en ellos temibles revolucionarios o asociales».

El sociólogo Peter Berger define a la secta como un grupo religioso numéricamente restringido que «vive un estado de tensión constante de cara a la sociedad, cerrada a su influencia y exigiendo de sus miembros total lealtad y solidaridad».

Desde la psicología

Para los profesionales de la salud el contenido doctrinal no importa por más extraño que parezca; lo que importa son los métodos que utilizan. En un congreso realizado por investigadores clínicos en Wisconsin, Estados Unidos, en 1986, se definió a una secta como: «Movimiento totalitario caracterizado por la adscripción de personas totalmente dependientes de las ideas del líder y de las doctrinas del grupo dirigidas por el líder, que puede presentarse bajo la forma de entidad religiosa, asociación cultural, centro científico o grupo terapéutico; y que utiliza las técnicas de control mental y de persuasión coercitiva para que todos los miembros dependan de la dinámica del grupo, y pierdan su estructura y su idea de pensamiento individual en favor de la idea colectiva y del grupo, creándose muchas veces un fenómeno de epidemia psíquica y un fenómeno de pensamiento colectivo, sin que tenga que ver la personalidad propia del individuo».

Por su parte, para el psicólogo Álvaro Rodríguez Carballeira «las sectas coercitivas pueden ser definidas en función de cómo actúen y no por lo que crean; en cuanto a sus métodos y no a sus doctrinas; por sus medios y no por sus fines».

Documentos oficiales

Muchos gobiernos e instituciones importantes han estudiado el fenómeno de las sectas y por ende han emitido su propia opinión. Observemos sólo algunas:

El Parlamento Europeo, en su resolución del 2 de abril de 1984, expresó que se trata de «nuevas organizaciones que operan bajo la cobertura de la libertad religiosa, que atenta a los derechos civiles y a los derechos humanos del hombre, comprometiendo la situación social de las personas afectadas».

La Comisión de Estudios del Congreso de Diputados de España, conformada en 1989, las describe como «grupo de limitado arraigo social organizado en torno a unas doctrinas, religiosas o no, y a los responsables de su fundación, proclamación o tutela».

El documento vaticano de 1986 del Pontificio Consejo para la Promoción de la Unidad de los Cristianos las define de la siguiente manera: «Grupos religiosos con una concepción del mundo específicamente suya, no completamente de acuerdo con las enseñanzas de las grandes religiones del mundo».

Finalmente en el Congreso Internacional «Grupos Totalitarios y Sectarismo» realizado en abril de 1993, en Barcelona, España, se propone considerar *actividad sectaria* destructiva desde un punto de vista jurídico a toda conducta de un grupo:

- Jurídicamente constituido o no.
- Que declare o no objetivos religiosos, filosóficos o de cualquier otro cariz.
- Que proceda de grupos minoritarios, de grupos de reforma del pensamiento, de confesiones reconocidas o de otras procedencias conocidas o no.
- Que viole o atente contra los principios reconocidos por la comunidad internacional y recogidos específicamente en la Declaración Universal de los Derechos Humanos y en la Convención Internacional de los Derechos del Niño, los textos legislativos y reglamentarios nacionales que protejan el individuo, los equilibrios sociales y los principios de la democracia.

III
DIVERSAS CLASIFICACIONES Y SUS INCONVENIENTES

Tantos y tan diversos son los nuevos movimientos religiosos, en lo que se refiere a creencias y prácticas, que se hace forzosa una clasificación de los mismos a fin de establecer una justa discriminación entre unos y otros. Muchas son las posibles clasificaciones de los NMR, y aquí surge un nuevo inconveniente respecto a las tipologías o diversas formas de clasificación. Veamos algunas de ellas.

Movimientos destructivos y no destructivos

Ésta es una de las clasificaciones más populares que, propuesta por algunos estudiosos enrolados en los movimientos *anticultos,* prontamente fue tomada por el periodismo, y de ahí su pronta difusión.

Esta clasificación sostiene que los *no destructivos* serían aquellos grupos eminentemente religiosos, mientras que los *destructivos,* aquellos que utilizan técnicas de manipulación psicológica y persuasión coercitiva.

La dificultad que presenta esta tipología reside en que va a depender su utilidad en relación a desde qué perspectiva se haga el estudio. Es decir que si el abordaje se efectúa desde el plano físico, encontraríamos movimientos *destructivos* y *no destructivos*; si el abordaje se realizara desde lo teológico, podríamos decir que todo NMR implicaría cierto grado de destructividad, en cuanto que aleja de la *Verdad*.

Movimientos de riesgo

Ésta, más que una clasificación, sería una subclasificación, también utilizada mayoritariamente por estudiosos anticultos. Suelen incluir a aquellos grupos que si bien momentáneamente no registran el carácter de *destructivos*, por sus prácticas, creencias o características particulares del líder, pueden acabar como tales.

La dificultad de la presente tipología obedece a que el parámetro de distinción no permite un justo discernimiento entre la gran diversidad de NMR existentes en la actualidad.

Movimientos de permeabilización o audiencia

Se clasificarían así diversos grupos que no llegarían a conformarse como un NMR pero que son asiduos a las lecturas, participación o prácticas que pueden estar relacionadas con temas utilizados por diversos NMR. A manera de ejemplo podemos mencionar a aquellos que consultan de tanto en tanto a personas dedicadas a las manías; cursantes de prácticas orientales como el yoga y algunos tipos de artes marciales, abrevando en sus creencias religiosas; lectores de literatura sobre ovnis, de dudosa seriedad, o libros dedicados al ocultismo, la magia, etc.

De esta manera podrían ser considerados como grupos *preparatorios* que facilitan el posterior ingreso de su eventual audiencia a NMR, mayoritariamente de características sectarias.

Por orígenes religiosos o geográficos

Otros clasifican a los movimientos por sus orígenes, logrando un cuadro de relativa sencillez al principio, ya que consignan los bloques de las religiones principales y, a partir de ellas, todas las derivaciones. Esto hace que a medida que se avance en la clasificación, el cuadro vaya complicándose irremediablemente, por las sucesivas subdivisiones de algunos movimientos. Otra dificultad aparece con el surgimiento cada vez más frecuente de movimientos sincretistas, los cuales toman para su conformación elementos de los más diversos orígenes.

Mayor es aun la complicación en aquellos que utilizan un criterio geográfico, ya que muchas y de las más variadas creencias surgen en un mismo lugar. Otra dificultad no menos importante consiste en que si bien ciertos movimientos pueden tener un origen primario en un continente, se desarrollan como movimientos estructurados en otro. Este sería el caso del grupo comúnmente denominado Hare Krishna, que si bien surge en la India, se consolida como movimiento en los Estados Unidos de Norteamérica.

Por contenidos

Aquí la clasificación se efectúa en base a las creencias o aspecto doctrinal, y se encuentran dos modalidades. La primera de ellas utiliza un criterio *cristológico.* Es decir que dividen entre aquellos movimientos que son cristianos, de los que no lo son. La dificultad de la presente clasificación reside en que sólo es verdaderamente útil para estudios de carácter teológico, no así psicológico, sociológico, jurídico, etc.

La segunda modalidad toma los contenidos doctrinales en sentido amplio, para poder discriminar grupos con similares orígenes, pero que luego han adquirido elementos que puede diferenciarlos claramente. Sólo a manera de ejemplo y para que se pueda entender más fácilmente el concepto, podemos mencionar a los adventistas del Séptimo Día, que si bien es un movimiento cristiano, sus particulares prácticas y creencias lo distancian fuertemente del mismo, por lo que suele clasificárselo como un grupo *cristiano no convencional*.

Clasificación en base a orígenes y contenidos

A continuación propondremos una clasificación conjugando las dos últimas tipologías, de orígenes y contenidos, por considerarla la más amplia y la más pedagógica para apreciar la diversidad de movimientos existente, y se ejemplificará con tan sólo algunos de ellos.

Movimientos de origen y contenidos católicos

Estos están conformados por grupos fundados por sacerdotes y, en algunos casos obispos, cismáticos, ilícitamente ordenados, disidentes, o autoproclamados. Suelen utilizar las vestimentas, símbolos y signos de la Iglesia Católica Apostólica Romana, causando una gran confusión en la feligresía que acude a ellos a sus templos y ceremonias, en muchos casos desconociendo sus verdaderos orígenes y su desvinculación con la Iglesia Católica Apostólica Romana.

Entre otros, se puede mencionar dentro de esta categoría a la Iglesia Católica Liberal, la Iglesia Católica Mariavita, la Iglesia popularmente conocida como la del «Padre Pedro», la Iglesia Católica Argentina, la Iglesia Agustiniana Disidente, y la Iglesia del Palmar de Troya o Palmariana, con su sede central en España y que inclusive cuenta con un papa, «Gregorio XVII».

Movimientos de origen y contenidos cristianos

Aquí se suelen mencionar a los evangélicos cristianos de tipo *pentecostal*, y evangélicos de tipo *bautista*, generalmente con un carácter fundamentalista.

Algunos investigadores sostenemos que no todos los pentecostales, y menos aún los bautistas, pueden ser clasificados como sectas. Ello se debe fundamentalmente a que tanto unos como otros, se caracterizan par ser autónomos, autocéfalos. Es decir, cada templo es independiente uno del otro, no existiendo una estructura que los agrupe a todos a nivel jurídico, administrativo o doctrinal como en las religiones clásicas o tradicionales. En su lugar cuentan con una serie de federaciones, asociaciones, consejos, etc., que no los llega a aglutinar a todos.

Por esta autonomía es que se da tan frecuentemente entre los pentecostales, el fenómeno del *autopastoreo.* Muchas veces pareciera que tan sólo hace falta adherir a la fe trinitaria, conocer algunos capítulos de la Biblia de memoria, y haber pasado por una experiencia religiosa conmovedora y sensual, para autoproclamarse pastor y crear un nuevo movimiento, sin que nadie pueda impugnar su título de pastor.

Lo antedicho trae aparejado como consecuencia una gran diversidad de este tipo de movimientos. Y si bien es cierto que existen algunos grupos muy serios, que incluso participan activamente del diálogo ecuménico, lamentablemente son la minoría y en la actualidad un gran número de movimientos pentecostales en América Latina, revisten características sectarias.

Movimientos cristianos no convencionales

Son aquellos que si bien poseen el carácter de cristianos, incluyen tanto en sus prácticas como en sus creencias, elementos no convencionales para el cristianismo.

Dentro de este apartado podemos mencionar, a manera de ejemplo, a los adventistas del Séptimo Día, quienes hacen una adhesión férrea a normas, incluso alimenticias, del Antiguo Testamento; los davidianos, una escisión de la anterior y que tomó estado público después de los sucesos de Monte Carmelo, en el estado de Tejas, EE.UU., en abril de 1993; y los Niños de Dios/La Familia, por inclusión enfermiza de toda la temática sexual en el discurso religioso, hasta proponer la prostitución como la mejor forma pastoral para el logro de la *conversión*.

Movimientos paracristianos

A esta categoría corresponden todos aquellos movimientos que si bien utilizan la figura de Cristo, no le asignan el rol o estatus de Hijo de Dios, Mesías o Redentor. Generalmente para lograr esta nueva concepción, estos grupos suelen utilizar además de la Biblia, otro texto habitualmente escrito por el fundador del grupo, y al cual se subordinan las Sagradas Escrituras para su interpretación.

Entre otros, podemos mencionar a la Asociación del Espíritu Santo para la Unificación del Cristianismo Mundial o Iglesia de la Unificación, y que es popularmente conocida como Secta Moon. En el presente movimiento se sostiene que Cristo fracasó en su misión entre los hombres, al no ser reconocido por su propio pueblo judío, como el Mesías, por lo que Dios habría de enviar a un nuevo mesías para que concluyera la obra redentora de Cristo, y de esta manera era considerado el fundador del grupo, el surcoreano Sun Myung Moon.

También, dentro de esta categorización podemos mencionar a la Iglesia de los Santos de los Últimos Días o mormones, a la cual ciertos investigadores califican como un movimiento politeísta; y los Testigos de Jehová, quienes además de negar la fe trinitaria, consideran que Jesucristo en realidad no es el Mesías, sino tan sólo el arcángel Miguel trascorporalizado.

Movimientos de origen y contenido judío

Es el caso de los Judíos Mesiánicos o Jami. En realidad éste es un movimiento de origen indirectamente judío, ya que habría tenido sus orígenes en un judío que se convirtió al evangelismo y creado un movimiento que tiene como particularidad el desarrollar un proselitismo preferencial entre la comunidad judía. Para tales efectos distribuyen Nuevos Testamentos bilingües: hebreo/castellano, o yidish/castellano, con un apéndice donde se consignan las profecías cristológicas del Antiguo Testamento y cómo éstas se cumplieron en la persona de Jesús.

Movimientos de origen y contenido islámico

Pese a que no existe un total acuerdo entre los investigadores, se suele mencionar aquí a la Fe Baha'i, la que propone la unión de todas las creencias en una especie de suprarreligión.

Movimientos de origen y contenidos orientales

En las dos vertientes distintas: de origen budista y de origen hinduista. Estos movimientos son quizás los más popularmente conocidos y que han tenido su auge, sobre todo en las décadas de los 60 y los 70. En los últimos años y en una vinculación más o menos visible con el movimiento sociocultural de la New Age o Nueva Era, han vuelto a registrar cierta actividad, aunque en una forma más sincrética.

Aquí encontramos, entre otros, a la Asociación Internacional para la Conciencia de Krishna o Hare Krishna, la Misión de la Luz Divina Ananda Marga, Rajneesh, Sai Baba, Sahaja Yoga, Brhama Kumaris, etc. Algunas con contenido sintoísta, como Sokka Gakkai, Seicho no Ie, Iglesia Mesiánica Mundial, Perfecta Libertad, Aum Shinri Kyo (Verdad Suprema), etc.

Movimientos de origen y contenidos satánicos

Por las características propias de este tipo de movimientos, como ser pequeña cantidad de miembros, reuniones secretas en casas particulares o lugares deshabitados, evaluación medianamente escrupulosa para la captación e ingreso de nuevos miembros, etc., es muy difícil de determinar su ubicación en nuestro país. Por lo general se reconoce su existencia por los testimonios de exadeptos, con las debidas reservas en la valoración de los mismos, o bien por marcas, signos u otros elementos que suelen dejar luego de una de sus reuniones o actividades sacrílegas

En el marco internacional, podemos mencionar entre otras a la Iglesia de Satán, Hermanas del Halo de Belcebú, y el Grupo Astaroth.

Hasta aquí se mantiene, medianamente, un orden, pero con los movimientos de características sincretistas, es decir, aquellos que toman elementos de diversos orígenes y los aúnan todos, sin lograr una verdadera síntesis o fusión, comienzan las complicaciones, ya que la subclasificación puede variar de acuerdo al investigador que la realice.

Movimientos de origen y contenidos masónicos

Entre ellos encontramos a las clásicas y diversas logias masónicas, como así también los rosacruces, que constituye la rama más esotérica de la masonería.

Algunos investigadores no consideran conveniente incluir a la masonería como un NMR, ya que sostienen que sus fines son tan sólo de orden político y económico. Sin embargo, para otros, los contenidos gnósticos y esotéricos de sus doctrinas, así como también los diversos rituales iniciáticos que practican, son elementos suficientes para así considerarla, no encontrando contradicción con los fines políticos y económicos, ya que en ello, no se diferenciarían de otros NMR con iguales intereses.

Movimientos de origen y contenidos gnósticos y esotéricos

Estos términos provienen de los vocablos griegos *gnosis* y *esoterós* que significan *conocimiento* y *oculto,* respectivamente. Entran dentro de esta categoría todos aquellos grupos que sostienen que existe un conocimiento oculto al que se puede acceder a través de una *iniciación ritual* y, de esta manera, acceder a la salvación. Es decir, que en ellos la salvación no es lograda por la fe, como lo sostienen las religiones clásicas o tradicionales, sino tan sólo por la aprehensión de un conocimiento reservado a unos pocos.

Es de destacar también que, en general, todos los movimientos sincretistas suelen tener componentes de carácter gnóstico y esotérico.

En esta categoría encontramos, entre otros, a grupos tales como el Movimiento Gnóstico Cristiano, la Iglesia Gnóstica, la Hermandad Blanca Universal, Cuarto Camino (o Fundación Nahual), la Fundación Escuela de Yoga de Buenos Aires, la Sociedad Teosófica, Logosófica, Antroposófica, Caballeros Americanos del Fuego (CAFH), etc.

Movimientos de origen y contenidos espiritistas

Aquí encontramos especialmente dos líneas claramente definidas: la corriente inglesa y la corriente francesa o kardecista. La más difundida en nuestro país, como así también en el resto de América Latina, es esta última que sigue las enseñanzas de Alan Kardec y que se diferencia de la primera por sostener la tesis reencarnacionista.

De las clásicas escuelas espiritistas, como la Escuela Científica Basilio, surgieron luego otros grupos autóctonos que incluyeron ciertas diferencias como la Madre María, Pancho Sierra, la Hermana Irma de Maresco, el Hermano Miguel, etc.

Movimientos ovni o contactistas

Este tipo de grupos pueden ser considerados como la tercera generación de los movimientos *espiritistas,* en razón de haber sido creados la mayoría de ellos por exintegrantes de los mismos.

Pertenecen a esta categoría todas aquellas asociaciones, centros o institutos que dicen estudiar el fenómeno ovni pero que, en realidad, proponen *contactos* con supuestos seres extraterrestres, de allí que también sean denominados cultos *platillistas* o *contactistas.*

Algunos sostienen que estos movimientos no tienen una verdadera relación con lo religioso, sin embargo vemos que son medularmente religiosos, como lo prueban los nombres que algunos de ellos ostentan, como ser Asociación Adonai, Bienaventuranza Cósmica, o Misioneros del Cristo Cósmico. Asimismo juega, en la mayoría de ellos, un papel preponderante la figura de Cristo. Para algunos Cristo es un extraterrestre, para otros un terrícola en sintonía con los extraterrestres, y para otros Cristo es el comandante en jefe de la Confederación Intergaláctica, etc.

Todos estos movimientos, junto con los que se verán más adelante como *pseudocientíficos,* se enrolan dentro de la corriente sociocultural conocida como New Age o Nueva Era. En los últimos años se ha registrado un verdadero auge de este tipo de movimientos, surgiendo, además de los mencionados precedentemente, grupos como Alfa, la Fundación para el Encuentro Cósmico (FUPEC), la Hermandad Cósmica Munir, la Fundación Instituto Cosmobiofísico de Investigaciones (FICJ) y, aunque con elementos bastante disimiles a las anteriormente citadas, el Lineamiento Universal Superior (LUS), que dirige la brasileña Valentina de Andrade.

Movimientos de origen y contenidos afroamericanos

Aquí podemos mencionar la *santería* cubana o el *vudú* haitiano, muy escasos por el momento en nuestro país, a diferencia de los afrobrasileños.

Movimientos de origen y contenidos afrobrasileño

Si bien existen diversos cultos como Pajelança, Casa de Mina, Catimbó, Xangó, etc., en nuestro país son especialmente conocidos el Candomblé, la Quimbanda o Macumba, la Umbanda y el Batuque.

Todos estos cultos, al igual que los mencionados en la categoría anterior, son fuertemente sincretistas, mezclando elementos de origen africano, de origen amerindio, de origen cristiano, y de origen espiritista, en el caso de la Umbanda. Asimismo estos movimientos se caracterizan por ser autónomos y autocéfalos, por lo que se pueden encontrar grandes variantes no sólo en lo cultual, sino también en lo doctrinal de un *terreiro* (lugar donde llevan a cabo sus ceremonias) a otro.

En general sostienen que existe un ser supremo y, entre éste y los hombres, una serie de entidades que denominan *orixás.* Estos *orixás* son antiguas divinidades africanas o fuerzas de la naturaleza divinizadas como el trueno, las aguas, etc., siendo a su vez los *orixás* homologados a figuras de santos cristianos. De tal manera que *Ogum,* el orixá o dios de la guerra, lo igualan a san Jorge; *Iemanjá*, la *orixá* o diosa de las aguas, la igualan a la Virgen bajo la advocación de Stella Maris; *Xangó,* el *orixá* o dios del rayo y el trueno, lo igualan a san Jerónimo; y *Oxalá,* el más importante de los *orixás*, lo igualan a Jesucristo.

También sostienen que estos *orixás* incorporan o poseen a los feligreses en medio de la liturgia, siendo el *pae* o la *mae* (que dirigen el culto) los encargados de definir qué *orixá* incorporó a cada feligrés.

Movimientos pseudocientíficos

La mayoría de estos movimientos, enmarcados dentro de la corriente de la New Age o Nueva Era, utilizan las pantallas de asociaciones, fundaciones o institutos y, partiendo de algún elemento científico, generalmente pseudocientífico, estructuran alrededor toda una concepción religiosa. Dentro de esta categoría también encontramos los movimientos también conocidos como psicoterapéuticos, de rehabilitación personal o del desarrollo del potencial humano.

Entre otros podemos mencionar la Iglesia de la Cienciología o Asociación Dianética/Narconén, Meditación Trascendental, los métodos de control mental, *insight*, así como también muchos de los institutos de parapsicología supuestamente científica y que en realidad no son tales.

Cabe destacar en lo que respecta a este último punto, frente a la confusión generalizada, que el parapsicólogo es el profesional que estudia los fenómenos paranormales como la telepatía, la clarividencia, la precognición, la telekinesis, etc., y de ninguna manera el que los practica. A los que poseen dichas fenomenologías se los suele denominar *dotados* o *paragnostas.* Lamentablemente los *parapsicólogos* que se promocionan en los clasificados de los periódicos no serían más que brujos con nombre científico.

IV
CARACTERÍSTICAS DE LAS SECTAS Y NUEVOS MOVIMIENTOS RELIGIOSOS

Las dificultades para encontrar una definición del término *secta* han provocado que en general se tienda a buscar definiciones de carácter fenomenológico o conjunción de una serie de características que abarcarían aspectos sociológicos, psicosociales y religiosos. Es decir, todo aquel grupo que reúna una serie de características en estos tres niveles, y no tan sólo en uno de ellos, tendería a ser considerado secta.

Muchas son las características que se registran en este tipo de grupos. Los libros dedicados a la presente temática suelen mencionar entre cinco y diez, aunque las mismas pueden alcanzar el medio centenar.

A continuación se señalan algunas de ellas, las cuales alternativamente irán correspondiendo a cada uno de los tres niveles mencionados, consignando las iniciales entre paréntesis, y haciendo la salvedad de que la delimitación de las características en dichos niveles es, en ocasiones, discutible por su interrelación.

Surgimiento contestatario (S)

La mayoría de estos movimientos, en especial los de origen cristiano y paracristiano, surgen contestatariamente, es decir, en contra de algo. Un integrante cualquiera entabla una discusión con un pastor o líder de su comunidad, y se retira con dos o tres seguidores más para formar un nuevo grupo.

Líder carismático y paternalista (Ps)

Los dirigentes de este tipo de movimientos poseen personalidades de tipo subyugante, convenientemente tamizadas con actitudes de un paternalismo benevolente, provocando en sus adeptos una corriente de confianza y sumisión.

Conducción vertical y totalitaria (S)

La conducción de estos grupos difícilmente es compartida pues, por lo general, una sola persona es la depositaria absoluta del *mensaje* y, por lo tanto, de la sabiduría y el consecuente poder que ello otorga. Las decisiones provienen de la máxima autoridad, sin posibilidad de ser cuestionadas.

Obediencia ciega (Ps)

Se observa en los adherentes una obediencia ciega, mas esta obediencia se da en forma negativa. Es decir, no se cumplen los mandatos y obligaciones por amor a un ideal, sino más bien por el temor a que la desobediencia acarree todo tipo de desgracias tanto en este mundo como en el otro.

Fuerte control grupal (Ps)

El líder del movimiento conoce personalmente a cada uno de sus integrantes y controla todas sus actividades, no sólo las religiosas, sino también las familiares, laborales, sociales y de esparcimiento. En los grupos con gran cantidad de adherentes, estas tareas son delegadas a coordinadores zonales, de sección, etc.

Perentoriedad (R)

Esta característica se registra más fácilmente en aquellos grupos de contenido *apocalíptico.* Se acerca el fin, quedando ya muy poco tiempo. Por lo tanto transmiten un mensaje angustiante, que exige una decisión pronta y se manifiesta por una urgencia en todo lo que hacen.

Reduccionismo simplista (R)

La presente característica se da en dos vertientes. La primera de ellas consiste en que todo interrogante, por más complicado que este fuera, tiene una respuesta simplista y fácil de memorizar. No existe, a diferencia de las religiones clásicas y tradicionales, la posibilidad de una *teología especulativa,* es decir, aquello sobre lo que el magisterio o la autoridad suprema de una religión no hizo una definición expresa y los teólogos son los llamados a profundizar y a dar cuenta de ese misterio. En estos grupos, la posibilidad de *misterio* prácticamente no existe, siempre se encuentra una respuesta para todo.

La otra vertiente se refiere a los contenidos de la fe. Son muchos los movimientos, especialmente los de origen cristiano o paracristiano, que reducen el misterio de la fe a dos o tres elementos fundamentales, descartando el resto.

Literalismo (R)

También esta característica se registra preferentemente en grupos como los mencionados anteriormente, donde se aferran con «uñas y dientes» a la *letra* de las Sagradas Escrituras, sin tener en cuenta la íntima relación del mensaje *en un todo* y, mucho menos, los distintos estilos literarios.

La única fuente es la Biblia y no hacen referencia al conjunto de la Revelación, tomando tan sólo algunos pasajes que llevan, en ciertos casos, hasta las últimas consecuencias.

Revelación constante (R)

Constantemente surgen *iluminados* que sostienen que Dios, Jesucristo, un ángel, etc., se les apareció y les transmitió una *verdad* que nunca había sido revelada con anterioridad, teniendo ellos solamente, la interpretación correcta y siendo los únicos depositarios de la misma.

Cabe destacar que en los últimos años las apariciones de Dios y Jesucristo están disminuyendo, en comparación con las de *mentes superiores* que visitan a estos nuevos mesías desde ovnis.

Eleccionismo - Salvacionismo (R)

Los *únicos elegidos* y, por consiguiente, los únicos que se *salvan,* son los que pertenecen al movimiento. No hay posibilidad, no sólo de salvación, sino de cualquier otro progreso en cualquier orden, fuera del grupo. Se registra así una importante xenofobia, no dudando algunos de estos grupos en calificar de manera fuertemente negativa a quienes no adhieran, con la consecuente destrucción de familias, matrimonios, amistades, etc.

Progreso holístico (Ps)

Se pretende que adhiriendo a estos movimientos no sólo se alcanzará un progreso espiritual, sino que abarcará a la persona en su totalidad, logrando también la sanidad física y la prosperidad material.

Aquí también se observan algunos elementos mágicos y hasta cierto tipo de transacción, donde la gracia solicitada dependerá matemáticamente de la convicción de recibirla, dejando totalmente de lado el concepto de gratuidad del don otorgado que en las religiones clásicas o tradicionales se encuentra siempre presente.

Imposibilidad de diálogo (Ps)

El único diálogo posible es el que precede al ingreso. No hay posibilidades de argüir en contra o presentar objeciones, en un diálogo enriquecedor. La verdad sólo está en su movimiento y nunca en otro; de allí la imposibilidad de concretar un diálogo de tipo ecuménico o interreligioso con grupos de estas características.

Preeminencia de lo emotivo (Ps)

Al acercarse a estos grupos se observa un recibimiento cálido y un ámbito fraterno. También se suelen registrar cultos emocionales y plagados de experiencias sensuales, catárticas y gratificantes.

Adoctrinamiento intensivo (R)

Empieza con un periodo de supervisión constante, dejando poco tiempo para el descanso y para pensar. Las doctrinas, extremadamente simplistas, son enseñadas por repetición.

Implementación de técnicas de persuasión coercitiva (Pc)

Lamentablemente cada vez son más los movimientos que implementan diversas técnicas psicológicas para la reforma o modificación del pensamiento, en una franca manipulación coercitiva, con el objetivo de lograr una total dependencia y sumisión de los integrantes al grupo en cuestión. Estas técnicas son las que conforman el comúnmente denominado *lavado de cerebro.*

Promesas de rehabilitación personal (Ps)

Ésta es una característica muy frecuente en grupos de tipo *terapéutico* o de *desarrollo del potencial humano,* los cuales, además de la salvación, ofrecen a sus adherentes por medio de cursos, la posibilidad de adelgazar, superar el estrés, vencer adicciones tabáquicas, alcohólicas y químicas, curación de enfermedades, o el de dominar poderes de tipo paranormal.

Hostilidad contra las religiones clásicas o tradicionales (R)

Tanto el surgimiento contestatario como el creerse los únicos depositarios de la *verdad absoluta* genera otra característica capital que consiste en la hostilidad contra toda religión clásica o tradicional. Esta hostilidad se manifiesta, especialmente, frente a la religión mayoritaria del lugar donde el grupo desarrolla sus actividades.

Proselitismo compulsivo (S)

La presente es, como otras ya mencionadas, una característica clave en estos movimientos. La compulsividad de este proselitismo se observa cuando a los pocos días de ingreso de un miembro, es enviado a tratar de captar nuevos adherentes, sin conocer prácticamente los contenidos del grupo para el que está ganado prosélitos.

PROSELITISMO ENGAÑOSO (PS)

En muchos movimientos la consigna es captar nuevos adherentes no importando el precio pues, a diferencia de las religiones clásicas o tradicionales, el fin justifica los medios. De esta manera se registra toda una técnica del engaño, en el proselitismo de no pocos de estos grupos.

Ocultando los verdaderos contenidos del movimiento, así como también su finalidad, se aborda al distraído transeúnte y se le invita a una conferencia o se le ofrecen servicios que no son tales, develando paulatinamente el verdadero carácter del grupo a medida que se van fortaleciendo los vínculos internos, en desmedro de los externos.

V
LOS NUEVOS MOVIMIENTOS RELIGIOSOS EN LA ARGENTINA

En lo que respecta al fenómeno de las sectas o nuevos movimientos religiosos (NMR), Argentina no se diferencia de los países desarrollados del Primer Mundo. No sólo venimos importando, desde hace años, movimientos de estas características, sino que la Argentina se ha convertido en un exportador más, con grupos que tuvieron su origen en nuestro país como La Comunidad, El Movimiento, o Nueva Acrópolis, y que hoy están desarrollando una amplia actividad en los países europeos.

La nota distintiva con otros países desarrollados la encontraremos quizás, en el tratamiento y estudio del fenómeno. Son muchos los trabajos elaborados en el extranjero, tanto por investigadores particulares, así como también por instituciones que se abocan a la presente temática desde hace ya varias décadas. En nuestro país, como así también en el resto de América Latina, son pocos los trabajos editados al respecto siendo elaborados la mayoría de ellos, desde una perspectiva sociológica o teológica. Aportes ambos de suma importancia pero insuficientes frente a un fenómeno que va mucho más allá de lo simplemente religioso o sociológico.

Al referirnos al aspecto cuantitativo del fenómeno comienzan a surgir también una serie de dificultades. Algunas de ellas se deben a que, como dijéramos anteriormente, al no contar con una definición del término *secta* o *nuevo movimiento religioso* que satisfaga a todos los investigadores, las cifras van a variar de acuerdo al carácter amplio o restringido que se otorgue a los mismos.

Pantallas más frecuentemente utilizadas

Otra de las dificultades obedece a que no todos estos movimientos se encuentran inscriptos en el *registro* que a tales efectos y como exige la actual ley vigente lleva el Ministerio de Relaciones Exteriores y Culto. Muchos de estos NMR, utilizando diversas pantallas o disfraces, se inscriben en otros organismos.

De esta manera algunos NMR, ocultando en un principio su carácter religioso, se inscriben en la Inspección General de Justicia, con la pantalla de *asociaciones civiles* sin fines de lucro, como es el caso de la Asociación Dianética (Iglesia de la Cienciología); o *fundaciones,* como es el caso de la Fundación Escuela de Yoga de Buenos Aires.

Otros movimientos se inscriben en el Ministerio de Educación, con la pantalla de *escuelas, centros* o *institutos educativos,* como muchas de las *escuelas de yoga* que han empezado a florecer en los últimos años, al igual que la gran mayoría de los *institutos de parapsicología* que, en lugar de realizar un estudio científico de los fenómenos paranormales, se dedican a propagar doctrinas de carácter gnóstico/esotéricas, y la enseñanza de las diversas mancias.

El Registro de Cultos: cifras y cuentas

A continuación se consignan algunos datos obtenidos del relevamiento del Registro de Cultos, al 10 de diciembre de 1999.

Inscripciones anuales del Registro de Cultos

1979	977	movimientos	1980	57	movimientos
1981	297	287 mvtos.	1982	152	162 mvtos.
1983	125	movimientos	1984	122	movimientos
1985	187	movimientos	1986	226	movimientos
1987	212	movimientos	1988	199	movimientos
1.989	176	movimientos	1990	157	movimientos
1991	61	movimientos	1992	36	movimientos
1993	13	movimientos	1994	12	movimientos
1995	32	movimientos	1996	25	movimientos
1997	53	movimientos	1998	53	movimientos
1999	16	movimientos (al 10 de diciembre)			
TOTAL	3188				

Movimientos dados de baja

1997	150	movimientos
1998	254	movimientos
1999	308	movimientos
Nrs. S/asig	96	movimientos*
TOTAL	808	movimientos

Inscriptos al 10 de diciembre de 1999
2.380 movimientos

* Cantidad total de números de orden del Registro, donde no se consigna la inscripción de ningún movimiento.

Porcentajes de las Inscripciones

- Religiones clásicas o tradicionales .... 6,00 %
- Evangélicos.. 69,65 %
  - Protestantes históricos ...... 1,84 %
  - Bautistas .... 1,25 %
  - Pentecostales .... 66,56 %
- Espiritistas... 11,64 %
- Afrobrasileños .... 10,46 %
- Otros cultos .... 2,25 %

En los últimos 15 años (desde 1999 al 2014) se registraron 900 nuevos cultos.

El Registro nacional de Cultos sumó a partir del año 1999 una nueva religión cada seis días. Los especialistas dicen que la gente se anima más a buscar «calor y emoción» en credos minoritarios y que busca una relación con Dios con menos intermediarios.

Actualmente en el Registro de Cultos (un «fichero» en el que, vale aclarar, sólo deben inscribirse los cultos no católicos) hay anotadas 3.636 entidades religiosas, alrededor de 1.200 más que en 1990.

El 75% de esta nueva cifra corresponden a cultos evangélicos, que suman 2.650 (unas 700 más que hace 15 años), a umbandistas y/o africanistas, más de 300, a espiritistas, 355, y a judías, 127, entre otras.

Algunas consideraciones

Como es de suponer, cuando se conocen estas cifras, no son pocas las sorpresas y, en algunos casos, comentarios de lo más diversos. Incluso, a principios de la década de los 90, cuando por primera vez fue publicado un relevamiento estadístico del Registro de Cultos, el entonces cardenal primado de Argentina, Antonio Quarracino, en una entrevista televisiva y luego de leer los resultados, manifestó: «Una cosa es la libertad de culto, y otra, el macaneo religioso».

Al respecto, algunos funcionarios del Ministerio de Relaciones Exteriores y Culto se apresuran a manifestar que en el Registro de Cultos que lleva dicha cartera, no se inscriben *cultos,* sino *asociaciones religiosas* y que los cultos en Argentina rondarían la treintena, aunque, según el reportaje, esta última cifra varía en sesenta y noventa.

Sobre ello, amén de provocar una sonrisa el hecho de que contemos con un Registro de Cultos que no inscribe cultos, se debe hacer forzosamente una aclaración.

La palabra *culto* remite a la acción cultual; si tomamos las inscripciones correspondientes a grupos afrobrasileños, no se puede sostener que dichas inscripciones responden a un solo culto ya que, entre otras razones, dichos grupos son autónomos y autocéfalos, existiendo variantes no sólo cultuales entre ellos, sino también doctrinales. Por tal razón, es totalmente lícito el calificarlos como cultos independientes y no, como pretenden algunos funcionarios, de *asociaciones pertenecientes a un solo culto.* Algo similar ocurre con los evangélicos de tipo pentecostal, que también se caracterizan por ser autónomos y autocéfalos.

De esta manera, tomando el término NMR en su sentido más amplio, incluyendo desde grupos como los Testigos de Jehová con cientos de adherentes, hasta grupos afrobrasileños o gnósticos, con tan sólo diez adherentes, podemos inferir que entre los movimientos inscriptos en el Ministerio de Relaciones Exteriores y Culto, los inscriptos en la Inspección General de Justicia u otros organismos gubernamentales, y los no inscriptos en ninguna repartición, la cifras totales superarían fácilmente los cinco mil movimientos distintos.

VI
¿QUÉ FACTORES ESTÁN EN SU ORIGEN?

A la hora de hablar sobre los orígenes de las sectas y los nuevos movimientos religiosos, encontramos una amplia gama de hipótesis, que van desde las más complejas hasta las más simplistas, que reducen toda la problemática a una simple cuestión económica.

Veremos a continuación algunas de estas hipótesis:

BÚSQUEDA DE LA VERDAD, DE LO TRASCENDENTE Y DE DIOS

Se escucha decir a veces con cierta frecuencia en lo que respecta al origen de estos movimientos, que los mismos surgen en razón de una búsqueda honesta de la verdad, de lo trascendente, o de Dios.

Si bien este argumento no puede ser rechazado de plano, tampoco puede ser tomado con mucha seriedad, porque quien busca honestamente la verdad, lo trascendente o a Dios, tiende a insertarse en alguna religión clásica o tradicional. Es decir, se hace católico, judío, ortodoxo, o de alguna comunidad protestante histórica, comunidades todas éstas que, en mayor o menor medida, poseen una profundización de lo religioso, apoyado en lo filosófico. Y esto es lo que precisamente les falta a estos nuevos movimientos, donde el discurso religioso, por lo general, es gratuito y obedece a los circunstanciales caprichos del fundador o líder.

El desengaño y la pelea

La razón más frecuente para el surgimiento de estos grupos es el desengaño y la pelea. Es decir, el integrante de una religión, movimiento o secta, se pelea con los dirigentes de su grupo, se separa con dos o tres feligreses, y crea un nuevo culto.

Esta separación contestataria provoca, generalmente, que el nuevo movimiento tienda a aislarse intentando una autonomía total y manteniéndose en relaciones dialécticas. Las relaciones dialécticas asumidas presentan al grupo como los custodios de la pureza doctrinal, manifestando un fuerte rechazo hacia todo lo exterior, como puede ser la sociedad, las instituciones y, especialmente, hacia aquella estructura de la cual se desprendieron, a la vez que se suelen observar de manera más o menos frecuente, componentes de tipo paranoico en su estructura.

Asimismo estas separaciones por desengaño y pelea, generalmente van acompañadas de *revelaciones*, *visiones* y *mensajes* especiales. Frecuentemente veremos en el origen de estos grupos, que al fundador del mismo se le aparece Jesucristo, un ángel o, como ahora se registra más a menudo, un ovni, que le transmite *un mensaje* y *una misión particular.*

Esto hace suponer, en más de un caso y especialmente viendo el contenido de estos supuestos mensajes y misiones, la posibilidad de ciertas alteraciones psicológicas, especialmente una variedad de demencia conocida con el nombre de psicosis esquizoparanoide, que se caracteriza precisamente por estar constituida de delirio de tipo religioso, místico, de influencia y megalomanía, es decir, un delirio desmedido de poder.

Si bien existen tantas visiones y mensajes como movimientos, encontramos de todas maneras una insistencia en diversos temas, tales como la teoría del fracaso de Cristo, la traición al mensaje original, o la caducidad de todas las religiones clásicas o tradicionales.

Teoría del fracaso de Cristo

Este tipo de *visiones* remiten a que Cristo vino con una misión al mundo pero, al no ser reconocido como el mesías por su propio pueblo judío y ser crucificado, fracasó. Entonces, el sujeto de esta nueva misión y mensaje es el llamado a concluir la misión redentora de Cristo.

Tal argumento es el esgrimido por la Iglesia de la Unificación (Moon), que tomando un pasaje bíblico donde dice que «un ángel surgirá de Oriente», sostienen que el fundador, y hasta antes de su fallecimiento líder del movimiento, Sun Myung Moon, era el último y verdadero mesías que vino a cumplir la tarea de restauración no lograda por Jesucristo.

También, aunque con algunas variantes, este argumento es utilizado por la Iglesia de Jesucristo de los Santos de los Últimos Días (mormones), quienes sostienen que al haber fracasado Cristo en Palestina, aparece en América y establece en una tribu su verdadera Iglesia.

Traición al mensaje original

Estas visiones se refieren a que tal o cual religión traicionó el mensaje originalmente dado por Dios. Desde ya que la que ocupa el primer lugar en este tipo de acusaciones es la Iglesia católica, siendo éste incluso el cargo que le hicieran en su momento Lutero y Calvino, en ocasión del cisma de Occidente.

Después, con el correr del tiempo, los sucesores de Lutero y Calvino les hicieron el mismo cargo a ellos, y los sucesores a los sucesores, desmembrándose cada vez en más grupos. Quizá éste sea el argumento más esgrimido a la hora de las separaciones.

Caducidad de las religiones clásicas o tradicionales

Las presentes visiones remiten a que todas las religiones clásicas o tradicionales han traicionado el mensaje original o han perimido, quedando tan sólo algunos elementos aún válidos en ellas.

De esta manera, el sujeto de esta nueva visión y mensaje es el llamado a rescatar los pocos elementos aún válidos de las distintas religiones y juntarlos todos, surgiendo así los movimientos *sincretistas,* es decir, aquellos que toman elementos de diversos orígenes y los amontonan, sin lograr una verdadera síntesis o fusión, sino tan sólo mezclándolos.

Este tipo de argumento fue el utilizado por un movimiento originado en Argentina que empezó desarrollando actividades bajo la denominación Iglesia Evangélica Cristiana Judía Ecuménica, y también puede ser observado en la gran mayoría de los movimientos de carácter gnóstico, esotérico y ocultistas.

Orígenes con finalidad política

También se escucha con cierta frecuencia, en lo que hace al origen de las sectas, aducirles una finalidad exclusivamente política o económica. Aquí se oye hablar de sectas de la CIA o de una supuesta penetración imperialista *yankee* en América Latina, en lo que se refiere a la política; y de bancos de Dios, transnacionales de la fe o multinacionales religiosas, en lo que se refiere a lo económico.

Frente a estos dos aspectos, es recomendable la prudencia, a fin de no caer en actitudes reduccionistas o simplistas, imposibles de sostener en un tema tan complejo como el presente.

En lo que respecta a la cuestión política, si bien existieron un *Documento Rockefeller* y documentos *Santa Fe I* y *Santa Fe II,* que hacen referencia al tema sectas e Iglesia católica, para una apreciación objetiva no se puede dejar de tomar en cuenta dos aspectos importantes y que generalmente son descuidados.

El primero de ellos se refiere a la noción particular que los Estados Unidos, de mayoría protestante, tiene sobre la Iglesia católica. El protestantismo ve signado sus orígenes en las *Iglesias nacionales,* con un importante aditamento político y sospecha, que el mismo podría estar en todas las creencias. Al respecto son proverbiales los escritos y manifestaciones del otrora arzobispo de Nueva York, Fulton J. Sheen sobre el tema.

El segundo, y no menos importante que el anterior, se refiere a que dichos documentos no hablan de la Iglesia católica en general, sino de ciertos sectores de la misma. Concretamente a los más radicalizados dentro de la Teología de la Liberación, y son precisamente estos sectores los que más han esgrimido el argumento de una «supuesta penetración imperialista en América Latina». Su objetividad al respecto es discutible, en razón de que esta corriente se encuentra también presa de una ideología.

Sobre lo mencionado precedentemente es de resaltar una curiosa paradoja. La misma consiste en que algunos de los otrora mayores ideólogos de la Teología de la Liberación, como por ejemplo el exfranciscano brasileño Leonardo Boff, han dejado el sacerdocio y el celibato, y se han insertado dentro de la New Age o Nueva Era, la mayor tendencia originaria de los Estados Unidos de Norteamérica.

De todas maneras, aunque no se puede reducir el fenómeno a una cuestión política, esto no quiere decir que dicho aspecto no exista, registrándose en no pocas oportunidades ciertas connivencias temporales, entre algunos movimientos y gobiernos, no sólo norteamericanos.

Orígenes con finalidad económica

Por su parte, en lo que hace a la cuestión económica, un elemento que ha facilitado simplificar el tema, es la *teología de la prosperidad* o *teología de la abundancia,* a la que tantos televangelistas son afectos, predicando constantemente sobre el «progreso material», amén del espiritual, que encontrarán todos aquellos que le «entreguen el corazón a Cristo».

Al respecto es importante no dejar de tomar en cuenta que muchos de estos grupos traen de arrastre elementos calvinistas, y entre ellos, el tema de la *predestinación.* Es decir, la creencia de que desde el inicio mismo de nuestras vidas estaríamos predestinados a ser salvados o condenados.

Esta predestinación calvinista ha generado una especie de ecuación que podría enunciarse de la siguiente manera: la buena relación con Dios implica un triunfo en lo temporal y, más precisamente, el progreso material. Esto que definíamos como *teología de la prosperidad,* podemos observarlo en el carácter de los testimonios que a diario los pentecostales expresan en plazas, esquinas, programas radiales y televisivos.

El éxito económico y la ostentación, en algunos casos, de ciertos pastores, es utilizado muchas veces como un medio de proselitismo. A los ojos de estos, las Iglesias han errado el camino asociando espiritualidad y pobreza, ya que a los que tienen fe, Dios quiere regalarles riqueza, salud y éxito.

Es por ello que con palabras más, palabras menos, algunos de estos pastores nos dicen: «Vean qué bien que estoy yo, es porque le entregué el corazón a Cristo. Entréguenselo ustedes también, y gozarán del mismo éxito».

Ya incluso E. Durkheim, fallecido después de la primera década del siglo pasado, y que fue el primero en utilizar las estadísticas en sociología, efectuó interesantes trabajos respecto a las consecuencias sociales y económicas que provocaron las raíces calvinistas en países de mayoría protestante.

Lamentablemente por las características del presente trabajo no podemos abocar a dichos puntos en profundidad, pero podemos decir que si bien existe el factor político y el factor económico, estos no son ni los únicos ni los más importantes, sino que se interrelacionan con muchos otros.

Si tuviéramos que buscar algún objetivo último, habría que ver grupo por grupo. En términos generales, podríamos pensar en un ansia desmedida de poder. Ahora bien, el poder se efectiviza mucho más exitosamente por medio de contactos políticos y recursos económicos, pero estos se encuentran subordinados a este delirio megalomaníaco. En su defecto no podrían entenderse casos como el de la secta Templo del Pueblo, liderada por Jim Jones, quien, pese a tener un gran poder político y económico, culminó con un suicidio colectivo en Guyana, en 1978.

VII
CAUSAS SOCIALES QUE PROMUEVEN SU EXISTENCIA

Para hablar de las causas de la existencia de las sectas, debemos partir señalando que desde siempre el hombre se ha sentido fascinado por lo misterioso, maravillado por lo sobrenatural, inclinado a la magia por medio de la cual espera encontrar respuestas a sus interrogantes o la satisfacción de sus carencias.

De igual modo podemos señalar que, si existen las sectas, se debe en gran parte al mal uso que ha dado el hombre a su libertad, la que ha encauzado en la búsqueda de experiencias mágicas que a corto plazo se transforman en experiencias dañinas que le conducen al alejamiento de Dios, de los hombres, de la Iglesia y, consecuentemente, de la realidad.

Como éstas y otras posibles causas pueden «sumar y seguir», sin embargo, hemos optado por referirnos también no sólo a aquellas causas de índole existencial individual, sino también a aquellas del ámbito social; para ello hemos considerado tratar cinco factores claves para el surgimiento y proliferación de estos grupos. Los factores son el político, cesantía, violencia urbana, marginación y disgregación familiar; esta elección no debe conducirnos ni reducir nuestro pensamiento exclusivamente a ellos, puesto que sin duda existen muchos otros posibles elementos o factores causantes de que estos grupos sean una realidad.

El factor político

Por mucho tiempo se habló de una era de censuras o limitaciones, tanto en las acciones como en las expresiones públicas del pensamiento. Como sea que esta etapa haya sido vivida o la experiencia personal de este tiempo, el hecho en concreto es que la democracia trajo consigo un relajamiento y una especie de explosión de reacciones ante distintos estímulos o normas sociales. Algunos asumieron un rol de representatividad y formaron organizaciones siendo su característica, en algunos casos, la de ayuda ya sea ecológica, social o religiosa. Sin embargo, otros se sintieron con ganas de soltarse y enfrentar todo lo establecido; el «principio» es estar en contra; de qué no importa; sólo hay que disentir.

El factor cesantía

El estado de cesantía, tema ya tocado por muchos trabajadores sociales, es un estado muy peligroso para alguien que ha perdido un trabajo como para aquel que busca laborar por primera vez. No sólo la autoestima baja, sino que también, al ser una situación prolongada, su actitud anterior de búsqueda se va tornando en un estado de agresividad al sistema social que le rodea, culpando a éste e intentando desquitarse de alguna manera.

El factor violencia urbana

En estos últimos años ha aparecido un nuevo signo de nuestra sociedad como es la violencia; ésta no sólo se da en términos reales, como golpes o algún tipo de ataque físico a las personas, sino que se involucra en todos los quehaceres de nuestras actividades. El lenguaje, los gestos, la forma de vestir, etc., son parte importante de esta violencia.

Aquí el punto recae sobre los medios de comunicación, quienes ven en estos actos una forma de vender o atraer la atención de las personas o clientes, cuanto más violentos o escandalosos son los acontecimientos, parecieran tener más valor o importancia al momento de difundirse.

Este ambiente nos ha llevado a dos puntos importantes. El primero es que la violencia se ha hecho parte ineludible de nuestra vida, asimilándola como cosa natural, y el segundo es que obteniendo la instrucción suficiente de los medios, la idea es poner en práctica lo visto; de aquí se desprende un cierto desprecio por la vida.

El factor marginación social

Todos necesitamos satisfacer la necesidad de pertenecer a algo, sea esto un grupo intelectual, sindicato, asociaciones de beneficencia, deportivas, etc.; sin embargo, hay grupos de jóvenes, que sufren de una estigmatización, ya sea por sus gustos musicales, de vestir, de lectura, etc. En muchas ocasiones esto es asumido con indiferencia, pero en muchos va generando una actitud de rechazo y rebeldía al sistema; ¿qué es el sistema?, no lo tienen claro pero lo identifican con la motivación que ven en la sociedad para despreciarlos o no tomarlos en cuenta. Esto recuerda algunas declaraciones de organizaciones de derechos civiles en Estados Unidos de Norteamérica cuando plantean: «Si estás cerca de un blanco, te sientes seguro, si hay un negro cerca, te pones nervioso»; este tipo de prejuicio también está en nuestro país, claro que no de características racistas, al menos de manera evidente, sino que en términos de apariencias, se tiene la impresión de que los *punks* deben ser delincuentes y los terroristas sólo de izquierdas; esto también es una forma de estigmatizar y prejuiciar a las personas.

Lo anterior nos lleva a que marginados se unan y den rienda suelta a sus aprehensiones, intentando de alguna manera contestarle a esa sociedad que los relega, o simplemente se van en contra de todo lo que les suene a conservador o tradicional.

Este factor ha sido considerado por el antropólogo M. Romieux, clave al momento de hablar de las causas de la existencia de las sectas.

El factor disgregación familiar

Por el rápido avance y las exigencias de la vida hoy ya no tenemos tiempo para un mayor y continuo contacto familiar. Posiblemente este factor sea la consecuencia inevitable de los cuatro factores nombrados con anterioridad. Ya no es tan fácil lograr un nivel de comunicación y entendimiento o alcanzar cierto grado de atención, por parte de aquellos que están más próximos a nuestros problemas e inquietudes. Este factor encuentra eco principalmente en los jóvenes, en aquellos que necesitan sentirse queridos, escuchados, valorados y aceptados. Si no encuentran en sus familias lo que están buscando, lo que necesitan, querámoslo o no, serán atraídos por estos grupos especiales y exclusivos.

Un hogar relativista y principalmente antirreligioso suele ser el caldo de cultivo para que los valores y la promoción personal vayan decayendo, llegando incluso a no tener importancia más que la de vivir el momento.

Esto ha conducido a la concepción de que todo es relativo, que la vida es un pasar con un sentido puramente transitorio. Lo que antes era el «reventón de fin de semana» ha pasado a ser un sistema de vida donde hay que vivir la mayor cantidad de emociones en el menor plazo posible, porque la vida puede acabarse en cualquier instante.

Sin embargo, ésta es la posición exterior, la que muchas veces no responde a la interior. Interiormente el individuo pide un respaldo, una ayuda o una compañía; está presente un fuerte déficit emocional, el sinsentido de la vida que le rodea no es más que el producto de la ausencia de las personas que son parte importante de su vida, de aquellos que le protegen frente a los acontecimientos adversos. Su personalidad enormemente insegura le hace estar a la espera de algo que le confirme, ya no importa en qué, pero que lo haga.

Siente que los cauces normales ya no son suficientes, por lo que es necesario descubrir algún tipo de poder superior que logre «despertar a esta sociedad atontada por sí misma y ahogada en su propio ser».

Son frecuentes en este tipo de personas la depresión, la ingesta de alcohol y drogas, elementos que llevan a un estado de esquizofrenia o paranoia. Es necesario señalar que el peligro de estas patologías es el hacerse evidentes sólo en su estado más avanzado, por lo que su detección no es fácil a primera vista.

VIII
FACTORES QUE FAVORECEN LA DIFUSIÓN DE LAS SECTAS

En los últimos años hemos sido testigos de un marcado incremento de nuestros movimientos religiosos, no sólo en nuestro país, sino en el mundo entero. A la hora de señalar las razones de dicho incremento, son muchos los factores que se mencionan, variando en ocasiones el acento, de acuerdo al ámbito desde donde se efectúe el análisis.

En la convicción de que el incremento del presente fenómeno no obedece a una sola razón, a continuación consignaremos algunos factores que favorecen la difusión de los nuevos movimientos religiosos que, por supuesto, se interrelacionan.

Tendencia al cierre de ciclos o periodos

Existe en el ser humano una tendencia al cierre o completud de ciclos o periodos de años. Es por esta razón que tanto en el año 100, en el año 500, en el 1000 o 1500, tendían a surgir grupos de carácter gnóstico o esotérico, y por sobre todo apocalípticos, que sostenían que en el año 100 iba a registrarse el fin del mundo, o en el 1000 o el 1500.

El fin del segundo milenio no fue una excepción. En las últimas décadas del siglo pasado surgieron muchísimos grupos de carácter gnóstico y esotérico, al igual que grupos apocalípticos.

La única diferencia distintiva que hemos registrado en la actualidad es que, por sobre la idea de un fin del mundo, ganó preeminencia la idea de *transformación,* surgiendo así un movimiento muy amplio y difuso, con un alto contenido gnóstico y esotérico como veremos en la entrega correspondiente, y que se lo conoce con el nombre de New Age o Nueva Era.

Los medios de comunicación social

Otro factor no menos importante para la difusión de los NMR consiste en los medios de comunicación social. Antes de la existencia de estos, un grupo no tenía mayor influencia que en la zona geográfica donde desarrollaba sus actividades, y su propagación y crecimiento era proporcional a la velocidad de los medios de transporte de la época.

En la actualidad, un NMR por más pequeño que sea, teniendo acceso a los medios de comunicación social, puede llegar al mundo entero en pocos segundos, propagando sus prácticas, creencias y prácticas proselitistas, masivamente.

Es por esta razón que algunos NMR, especialmente evangélicos de tipo pentecostal, han montado grandes cadenas radiales y televisivas, e incluso, han comprado partes de satélites a fin de lograr emisiones durante las 24 horas del día a gran parte de mundo, en forma simultánea.

En la década de los 80, hubo un grupo evangélico pentecostal que llegó a instalar grandes antenas en medio de barrios marginales en países de Centroamérica y obsequiar televisores a fin de que los habitantes de dichos barrios pudieran recibir sus programas exclusivamente.

Ayuda extranjera

Lo expuesto en el párrafo anterior nos introduce a uno de los factores que, generalmente, era escuchado con mayor insistencia en la década de los 60, 70 y mediados de los 80, pero que como veremos oportunamente, no es el principal de los factores.

En general, cuando se menciona la ayuda extranjera, se tiende a pensar en la ayuda de gobiernos extranjeros, señalándose principalmente a Estados Unidos de Norteamérica. Sin embargo, si bien muchos de estos movimientos reciben ayuda desde el extranjero, éstas provienen de sus mismas organizaciones.

Eventualmente se han registrado algunas ayudas de origen político y no religioso, pero éstas han sido, en general, excepciones.

Proselitismo compulsivo

Este factor, frecuentemente dejado de lado, es uno de los más importantes en relación al crecimiento y difusión de los nuevos movimientos religiosos.

A diferencia de las religiones clásicas o tradicionales, que comparten sus contenidos doctrinales, para que en libertad y responsablemente el posible futuro feligrés opte, en los nuevos movimientos religiosos, prácticamente no se deja tiempo al futuro prosélito para meditar sobre su decisión.

En algunos de estos movimientos es tal la presión que se ejerce sobre los feligreses para que capten nuevos prosélitos, que en casos se han producido daños psicofísicos de consideración. Ciertos grupos obligan a sus feligreses a lograr la adhesión de una cierta cantidad de nuevos feligreses por semana, bajo la amenaza de caer en desgracia ante los ojos de Dios, si no cumplen con la pauta establecida. La presión de los líderes, así como también de los grupos, en ciertos casos ha sido categorizada de torturante por algunos exmiembros de estos grupos.

Muchas veces las posibilidades de progreso dentro del movimiento va a depender pura y exclusivamente del éxito que logre en sus tareas proselitistas. De ahí que en un derrotero previsible, se caiga en el proselitismo engañoso que, como dijéramos anteriormente, se encuentra entre una de las características principales de las sectas.

Al respecto es interesante resaltar lo escuchado en muchas entrevistas con exmiembros de estos movimientos, cuando se les preguntaba sobre este proselitismo compulsivo y engañoso. Ellos reconocen lo compulsivo y engañoso del proselitismo, pero suelen justificarlo en los siguientes términos: «Nosotros sabíamos que engañábamos para lograr nuevos feligreses. Pero nos obligaban severamente a ello. Y nuestro deseo de salvar a los demás era tan grande que, si para salvarlos era necesario engañarlos, pues los engañábamos». En consecuencia, el fin justifica los medios para estos grupos, diferenciándolos también en este aspecto, de las religiones clásicas o tradicionales.

Desinformación sobre los NMR

El desconocimiento de aspectos como los señalados recientemente, como así también el desconocimiento general del presente fenómeno, es también un factor importante para la difusión de estos movimientos.

La frecuente utilización de diversas pantallas y la búsqueda de realizar acciones conjuntamente con religiones establecidas, que desconocen el verdadero origen u objetivos de estos movimientos, ha provocado que en numerosas ocasiones se les otorgue espacios con los que fácilmente ganan respetabilidad y desalientan posibles sospechas, facilitando las tareas proselitistas.

Basten como ejemplos la participación de grupos como los Niños de Dios/La Familia en encuentros, congresos, exposiciones y festivales católicos; la promoción de libros pertenecientes a diferentes grupos por parte de catequistas y librerías católicas (v. gr.: *Ami, el niño de las estrellas*); el alquiler de dependencias parroquiales para conferencias dictadas por grupos orientalistas, ovnis, etc.

Espacios vacíos de la Iglesia y la familia

Cuando se habla del incremento o difusión de los nuevos movimientos religiosos, se lo suele atribuir a los espacios vacíos dejados por diversas instituciones, mencionando especialmente a las instituciones religiosas y en primer lugar a la Iglesia católica, por ser mayoritaria en nuestro continente.

En países en que ésta es minoría, iguales juicios son efectuados con respecto a las Iglesias o creencias mayoritarias de los mismos, pero como dijéramos al inicio, tanto en nuestro país como los restantes de América Latina tienen a la Iglesia católica como mayoritaria. Al respecto existen elementos causales desde el interior mismo de la Iglesia que, como manifestara un comunicado de la Conferencia Episcopal Mexicana, en abril de 1988, no podemos desconocer:

- Una insuficiente instrucción religiosa de gran parte de nuestro pueblo, la cual conduce a la ignorancia en nuestra fe, por lo que una porción del Pueblo de Dios queda indefensa ante la acción proselitista de los NMR.
- El abandono en el que se encuentran algunas comunidades, sobre todo en regiones rurales y suburbanas.
- Un ecumenismo llevado a la práctica en forma equivocada o ingenua.
- Una ansia de contacto con la palabra de Dios, que impulsa a muchos a satisfacerla en el fundamentalismo de los NMR.
- La insuficiencia de agentes de pastoral. Un laicado que no ha sido suficientemente incorporado a la tarea evangelizadora. Deficiencias de los agentes de pastoral en su testimonio cristiano y en su trato con la gente.

- La acción pastoral de la Iglesia en la atención personal de sus miembros, que aparece inadecuada, debido especialmente a la desproporción entre el número de agentes de pastoral y el crecimiento de la población; debido también a algunos métodos pastorales que no logran una relación personal desmasificante.
- La necesidad que tiene el pueblo de una auténtica experiencia de Dios y de una liturgia rica y participativa que, a veces, no se encuentra en el culto, tal como lo celebramos.

También son orientadoras las conclusiones del encuentro realizado en 1992 en la ciudad de Quito, Ecuador, sobre «Nuevos movimientos religiosos», organizado por la Federación Internacional de Universidades Católicas (FIUC) y el CELAM. Entre las diversas limitaciones que enfrenta la Iglesia se mencionan las siguientes:

- Dificultades de adaptación de ciertas estructuras eclesiásticas a los cambios sociales y culturales.
- La escasez de clero, la falta de promoción del laicado y de participación de la mujer en la acción pastoral.
- El carácter del catolicismo latinoamericano como religión de masas no siempre asumida como experiencia personal, lo que frecuentemente va unido a una evangelización deficiente.
- El carácter particularista de muchas instituciones eclesiásticas que impide la suma de esfuerzos y una vivencia mayor de la comunión eclesial.
- La falta de conocimiento de la presente problemática por parte de amplios sectores de la Iglesia católica.
- Ciertas opciones litúrgicas y pastorales del clero con desconocimiento y hasta desdén de la religiosidad popular.

Frente a esto debemos aceptar que en parte los NMR avanzan por los espacios vacíos dejados por la Iglesia católica, pero también es necesario resaltar que este vacío no corresponde sólo a la Iglesia católica, sino en general, a todas las religiones clásicas o tradicionales y demás instituciones de la sociedad.

Muchas veces se dificulta dentro de las religiones clásicas el contacto íntimo y personal de la feligresía, elemento éste que los NMR saben explotar muy bien. Muchas son también las religiones que, con el pretexto de hacer más accesible la liturgia a los feligreses, se han ido al otro extremo, simplificando de tal manera las cosas, que el hombre común siente haber perdido ese *enfrentarse al misterio* que toda alma humana anhela.

De todas maneras, a la hora de hablar de espacios vacíos, tendríamos que tener en cuenta un espacio mucho mayor y más importante en relación a los NMR, y estos son los espacios vacíos dejados por la familia que hoy, como sabemos, se encuentra en plena crisis.

La familia es la célula básica de toda sociedad. Es el lugar donde se aprenden los primeros pasos y las primeras palabras que nos permitirán compartir nuestra existencia más intima; es donde se curan las primeras heridas; donde se aprenden las primeras oraciones y virtudes, como la templanza y la paciencia; donde se practica el sacrificio y se aprende a resignar algunos bienes en pos de uno mayor; donde los logros se alcanzan por el esfuerzo cotidiano, y no por acciones mágicas.

Pero, si como podemos observar, tenemos familias donde lamentablemente no existe un diálogo profundo, íntimo y enriquecedor entre sus integrantes; si tenemos familias donde no se logra una contención afectiva y efectiva de sus miembros; si tenemos familias donde los padres no forman en el más amplio e integral sentido, incluyendo el religioso, a sus hijos; en fin si no somos como padres un ejemplo y un signo de contradicción en una sociedad esquizofrenizante donde todos los valores se encuentran trastocados, no es que estemos dejando espacios vacíos y estos movimientos nos invadan, como alguien alguna vez titulara un libro, sino que estamos tomando de la mano a nuestros hijos y se los entregamos de la mano a las sectas.

IX
POSIBLES RAZONES DE ADHESIÓN

Son muchísimas las razones por las que una persona puede ingresar a una secta o NMR. Algunos investigadores sostienen que la idea de una adhesión libre tiene una validez relativa a raíz del *proselitismo engañoso,* a pesar de existir ciertos factores de especial predisposición que facilitan la consecuente captación.

De todas maneras, podemos hablar de ciertas líneas orientadoras, para establecer la interrelación de los diversos elementos visibles por las que una persona ingresa a uno de estos movimientos.

ANGUSTIA INDIVIDUAL

En la actualidad podemos observar que las comunicaciones están quebradas y no sólo a nivel social, sino a nivel familiar, lo cual es más grave. Las consultas orientativas llevadas a cabo con cientos de familias que tenían a un integrante de la misma dentro de una secta, nos muestran que en la práctica, ninguna de ellas tenía un diálogo profundo, intimo y enriquecedor.

Una de las vetas más ricas del ser humano es la posibilidad de transmitir a otro nuestra existencia más íntima, nuestra interioridad. Cuando esto no se posibilita ni aun dentro de la familia, es como que nuestra personalidad adolece, y en un aspecto muy importante.

Muchas veces estos movimientos, especialmente en los contactos iniciales con los que comienza la captación, se aprovechan de la angustia provocada por esa falta de comunicación. En más de una oportunidad, cuando preguntemos a un integrante de estos grupos si nació en dicho culto, nos responderá que no, que pertenecía a otro y luego cambió. Y al requerirle la razón de tal cambio, nos responderán con frases como: «Yo pertenecía a la Iglesia católica, pero cuando iba a misa así como entraba, salía. No conocía a nadie, ni nadie me conocía a mí. Era una anónima. Un día una amiga me invitó a un "templo" y, apenas entré, me rodearon cinco o seis personas y me preguntaron cómo me llamaba, qué hacía, si tenía algún problema... Sentí que se interesaban por mí. Me sentía persona».

No sólo este hipotético hombre o mujer sale del anonimato y se siente persona, sino que hasta puede ser un ejemplo para todo un marco social de referencia. Y esto lo podemos observar en las plazas, cuando los pentecostales presentan un *testimonio,* cualquiera sea el carácter de éste, es seguido de un aplauso, de un reconocimiento, de un *salir* del anonimato. Todo esto provoca un efecto psicológico muy fuerte y muchas veces, es el primer paso para una vinculación sectaria.

Este factor es incluso resaltado en las conclusiones de la IV Conferencia General del Episcopado Latinoamericano reunida en la ciudad de Santo Domingo, hablando de «la pérdida de identidad» (cf. SD, n. 149).

A la angustia provocada por la falta de comunicación e identidad, hay que sumarle la naturalmente provocada por situaciones límite tales como la enfermedad, el dolor y la muerte. Por ello, movimientos que en la captación tratan de canalizar el alto montante de angustia, privilegian su acción proselitista en lo que podríamos llamar *centros de dolor,* es decir, cárceles, hospitales y barrios marginales.

Angustia social

La angustia individual se encuentra relacionada con una angustia de tipo social, a la que también hace referencia el documento mencionado precedentemente.

Es decir, la angustia de una sociedad que aparentemente lo tiene todo, pero en realidad no tiene nada, ni siquiera un sentido para la vida. Una sociedad que ha puesto por años sus esperanzas en los avances de la ciencia y la técnica como *mesías salvadores* hasta que esa misma ciencia pasó a convertirse, con el avance nuclear y tecnológico, en una bestia apocalíptica.

El temor consecuente a una ciencia que parece no responder a ninguna moral, más que la de la conveniencia política o económica de unos pocos, provocó sus consecuencias. Entre otras, el descenso del índice de natalidad en los países desarrollados. Muchos piensan que ello se debió a que los matrimonios deseaban vivir más cómodos y sin compromisos, viajar, etc., y si bien esos argumentos han influido, una de las razones también esgrimida era: «¿Para qué vamos a traer hijos al mundo, si éste mañana no va a estar?».

Este no saber qué va a pasar mañana, este no saber si vamos a estar, este no terminar de acostumbrarse al continuo cambio al que está sometida la sociedad, provoca angustia y genera, como contrapartida, que la gente se aferre precisamente a lo inmutable, a lo que no cambia, a lo trascendente, a lo misterioso y oculto, surgiendo así un tercer elemento que es muy importante al momento de la adhesión a una secta o NMR: el *pensamiento mágico.*

Pensamiento o conciencia de tipo mágica

Se registran, en la sociedad en general, un importante aumento de conciencia mágica. En mayor o menor medida, casi toda la sociedad tiene algún elemento o responde a ciertos hechos con un carácter mágico.

Esto lo podemos ver en todos lados, con tan sólo agudizar un poco nuestra mirada.

Lo vemos en los adolescentes que al sacarse un boleto *capicúa* creen que ese día van a ser coronados por la suerte; lo vemos en la cinta colorada, atada en derredor de la muñeca, para contrarrestar la envidia; en el chiquilín que camina por la vereda, tratando de no pisar las rayitas de las baldosas porque le traería mala suerte; en el adulto que se coloca una corbata de un color específico para pedir trabajo o aumento de sueldo; en la señora que, religiosamente, lee su horóscopo de cada día; en ciertas *oraciones* que se publican en los clasificados de los periódicos; o en el espejo del taxista donde encontramos la cinta colorada, el san Cayetano, la ristra de ajo, el rosario y los *cuernitos,* todos ellos muy ecuménicamente agrupados.

También podemos observar estas actitudes en lo religioso, cuando se lleva la medallita, la estampita o el rosario no como un sacramental, sino como un amuleto; o en aquellos que toman las Sagradas Escrituras como un *libro oracular,* abriendo la Biblia en cualquier lado y al azar, tomando la lectura de un versículo descontextuado, como un mensaje personal de Dios para ese día.

Decimos que el pensamiento o conciencia de tipo mágico es un elemento clave para la adhesión de una persona a una secta o NMR porque, como se hiciera referencia anteriormente, todos estos movimientos emplean en la captación una promesa de tipo mágica.

En razón de ello, el fomentar este tipo de actitudes no haría más que provocar un efecto de *permeabilización* o *acostumbramiento* que, a fin de cuentas no hace otra cosa que facilitar la captación sectaria. Es decir, si nos acostumbramos a pensar mágicamente, más fácilmente vamos a responder a un estímulo que sea mágicamente ofertado.

Aquí es donde no sólo el gusto por lo novedoso, sino la necesidad de respuestas y soluciones rápidas mágicas, especialmente frente a estos elementos tan humanos y acuciantes como son la enfermedad, el dolor y la muerte antes mencionados, son aprovechados por no pocos movimientos de características sectarias.

Muchos son los grupos que frente a estos problemas, no dudan en asegurar que todos ellos serán resueltos con la sola adhesión al grupo. Especialmente aquellos movimientos que hacen de la *sanación,* prácticamente su único discurso; como así también aquellos categorizados como psicoterapéuticos, de rehabilitación personal, o del desarrollo del potencial humano.

Distanciamiento de la Iglesia

Otra razón no menos importante e íntimamente relacionada con las anteriores es, sin lugar a dudas, la falta de formación en la propia fe, y el consecuente distanciamiento de la Iglesia. El mismo documento de Santo Domingo lo expresa con estas palabras: «El distanciamiento de la Iglesia de sectores —ya sean populares o pudientes— que buscan nuevos canales de expresión religiosa, en los que no se debe descartar una evasión de los compromisos de la fe...».

Escuchamos a veces con sorpresa y otras con tristeza, anécdotas de muchos católicos que por una desilusión con un sacerdote, religiosa o laico comprometido, y no teniendo una buena formación para discernir entre la *santa* y la *meretriz,* como expresaban los Padres de la Iglesia, se alejaron de la fe. Si bien algunas de estas anécdotas son dolorosamente ciertas, muchas otras tienen el gusto de aquellos folclóricos clichés que desde el medioevo, y con leves diferencias, sacan a relucir algunos de estos grupos que tienen por un deporte atacar a la Iglesia, como bien lo hicieran notar los obispos reunidos en la III Conferencia General del Episcopado Latinoamericano realizada en Puebla: «Muchas sectas han sido dura y pertinazmente, no sólo anticatólicas, sino también injustas al juzgar a la Iglesia y han tratado de minar a sus miembros menos formados» (*Documento de Puebla*, n. 80).

El hombre es un ser religioso por naturaleza, y registra como una pulsión hacia lo trascendente, la misma que le hiciera expresar al obispo de Hipona: «¡Mi corazón estará siempre inquieto hasta que no repose en Ti!».

Esta pulsión se satisface canalizándose en la verdadera fe, de lo contrario, y en razón de ese *hambre de Dios,* puede también caricaturizarse a través de tantos y tantos nuevos movimientos que, explotando el gusto por lo novedoso y lo simplista, abren incansablemente un variado abanico de ofertas, como remedio para una experiencia negativa en la Iglesia católica. Estas experiencias negativas en particular y la adhesión de católicos a estos movimientos se encuentran en algunos casos favorecidas también por concretas limitaciones pastorales por parte de la Iglesia católica.

X
FACTORES QUE FACILITAN EL INGRESO A UNA SECTA

Al hablar de factores de especial incidencia o predisposición para la captación por parte de un NMR de características sectarias, entramos en un terreno sinuoso. Para algunos investigadores existe una especie de personalidad premórbida, mientras que para otros no, aunque sí se ha logrado un acuerdo en torno a dos elementos que han sido manifestados, por ambos bloques, como una constante:

- Alto montante de angustia.
- Síndrome de ausencia paterna.

Ahora bien, ¿quién en algún momento de su vida no ha registrado un alto montante de angustia, especialmente en la adolescencia? ¿Quién no ha padecido el síndrome de ausencia paterna, en lo que hace a la función paterna, aunque hubiera tenido un padre real?

La respuesta a ambas preguntas es que todos en algún momento de su vida han registrado estos dos elementos, lo que genera en consecuencia un axioma sostenido por algunos investigadores y que consiste en que *toda persona es posible de una captación si es abordada en el momento o circunstancia justa, por el influenciador justo, y por la técnica justa.*

A continuación consignaremos tan sólo algunos de los factores de especial incidencia o predisposición, que facilitan las tareas proselitistas de los nuevos movimientos religiosos, y que se suman a los mencionados al comienzo del presente capítulo.

Cabe destacar, empero, que estas características no son excluyentes, pues aun siendo factores de especial predisposición, no son imprescindibles para una captación y posterior ingreso.

- Insatisfacción general en la vida.
- Baja tolerancia a la frustración.
- Descontento con la sociedad y sus normas.
- Temores para enfrentar un mundo que se presenta como caótico.
- Ausencia de propósito interno.
- Ausencia de un adecuado autocontrol.
- Necesidad de seguridad, progreso, autovaloración y poder.
- Cierta susceptibilidad a los estados de transe.
- Hallarse en estado de crisis, insatisfacción o inestabilidad a nivel de estudios, profesional, laboral, emocional, social, afectivo, etc.
- Inquietudes o especial interés por lo desconocido, esotérico y misterioso.
- Inmadurez e identidad no consolidada.
- Tendencias a la personalidad dependiente.
- Conflicto paterno o matrimonial permanente.
- Sistema familiar moderadamente disfuncional.
- Síndrome de ausencia paterna.
- Carencia de guía, dirección, control y límites paternos.
- Carencia de una atención y afectos positivos e incondicionales.
- Creer que uno no va a ser captado.

XI
PREVENCIÓN ANTE EL FENÓMENO SECTARIO

¿POR QUÉ SE INGRESA A UNA SECTA?

Ésta es sin lugar a dudas una pregunta muy difícil de responder. En primer lugar no hay una sola causa ni una sola respuesta. Muchos estudiosos han buscado la respuesta en la crisis de la modernidad.

Francisco Sampedro ha expresado: «La postmodernidad supone una crítica a la modernidad, tanto desde el punto de vista de la racionalidad científica como desde la realidad sociopolítica».

En el plano socioeconómico la racionalidad científica y técnica no ha podido responder a las necesidades de subsistencia y de bienestar de grandes sectores de la población.

En el plano sociopolítico la racionalidad no ha podido plasmar una sociedad en justicia, libertad y fraternidad para todos, que eran los valores democráticos de la modernidad. Quizá se debe esto a que, en el fondo, se ha pretendido una racionalidad secularista, sin base ética.

Por su parte, el filosofo León Rozitchner expresa que «el desencanto ante la política, la economía del libre mercado y la religión oficial produce un abismo, un vacío que debe ser llenado de algún modo», y como dice Chesterton: «Que el hombre deje de creer en Dios no significa que no crea ya en nada, sino más bien que es capaz de creer en cualquier cosa».

Finalmente, el sociólogo Michael Maffesoli expresó que a partir del triunfo de la racionalidad económica y del fracaso de las ideologías los hombres necesitan volver a encontrar su pertenencia y para ello se vinculan a un club deportivo, una secta, una etnia o un grupo New Age. «Estos grupos —dice Maffesoli— cumplen la función de proveedores de identidad que antes desempeñaban la política o los sistema unificados de creencias». Y agrega: «La sociedad, luego de haber transitado de la religión a la política, se encuentra hoy transitando de la política a la religiosidad cotidiana a través de una multiplicidad de rituales cuyo inventario queda por hacer».

Perfil psicosocial del joven

Ha llegado el momento de preguntarnos si existe un determinado perfil psicosocial que lleva al joven a integrar una secta. Las investigaciones realizadas por diversos autores expresan que no existe un perfil claro y único que determine cuál es el joven potencial de ser seducido por una secta. Más bien deberíamos hablar de un conjunto de tendencias o factores psicosociales susceptibles de aumentar la predisposición o la vulnerabilidad ante la acción proselitista.

La Comisión Interministerial de la Juventud y de la Infancia del Ministerio de Asuntos Sociales de España realizó uno de los más importantes trabajos sobre jóvenes y sectas durante los años 1988-1990. Si bien los resultados del trabajo hacen imposible definir un perfil psicosocial del joven que ingresa a una secta, se pudo establecer que el 13% de los jóvenes son receptivos al proselitismo de la misma. Se pudo observar que psicológicamente dichas personas se caracterizan por:

- Su inadaptación e insatisfacción social.
- Su religiosidad, trascendencia y atracción por lo sobrenatural.
- Sus carencias afectivas, soledad y elevada emocionalidad.
- Su baja autoestima, depresión, insatisfacción y sentimiento de infelicidad.
- Su idealismo, búsqueda de absolutos y de soluciones revolucionarias
- Su independencia y bajo deseo de afiliación y compromiso.
- Su desorientación, aburrimiento, falta de dinero, desocupados, desengaños amorosos, fracaso escolar, malas relaciones familiares y consumo de drogas.

Por su parte, el Dr. Steve Asch, de la American Family Foundation ha realizado un cuadro con los principales factores de vulnerabilidad:

1) Alto nivel de angustia e insatisfacción general en la vida.
2) Descontento cultural en un investigador frustrado.
3) Carencia de un sistema de creencia/valor religioso intrínseco (autoaceptado y fuertemente mantenido como una parte importante de uno mismo), o de una menor o más extrínseca religiosidad.
4) Sistema familiar moderadamente disfuncional:
   a) Síndrome de «ausencia de padre».
   b) Carencia de guía, estructura, dirección y límites paternales.
   c) Carencia de una atención y afecto positivos e incondicionales.
   d) Pobre comunicación familiar, especialmente el uso de vínculos dobles por parte de los padres.
   e) Conflicto paterno, matrimonial permanente.
5) Tendencias a la personalidad dependiente:
   a) Carencia de dirección o propuestas internas (ego-ideal).
   b) Carencia de un adecuado autocontrol (super ego).
   c) Baja tolerancia para la ambigüedad.
   d) Susceptibilidad a estar en estado de trance.

En la misma temática el psicólogo español Álvaro Rodríguez Carballeira expresa entre los factores de vulnerabilidad del sujeto al:

a) Periodo de adolescencia-juventud.
b) Algunos rasgos neuróticos de personalidad:
   - Angustia, confusión e inseguridad.
   - Tendencia a la soledad y la depresión, dificultad en la comunicación e inmadurez afectiva.
   - Dependencia y baja autoestima.
   - Idealismo ingenuo.
   - Credulidad y baja tolerancia a la ambigüedad.
c) Dificultades de adaptación social.
d) El deseo de profundización espiritual.
e) Un sistema familiar disfuncional.

Métodos de captación

Como se observara, existen algunos factores de vulnerabilidad que alimentan la posibilidad de entrar a una secta. Ahora veamos cómo actúan las mismas para acercarse y tratar de captar a los jóvenes. Quizás el trabajo realizado por el Dr. John G. Clark, en equipo con otros especialistas del Hospital General de Massachusetts, EE. UU., nos ayude a comprender mejor el funcionamiento de los grupos sectarios.

Un resumen de este extenso trabajo se encuentra en el ensayo *El fenómeno de las sectas* de Juan García Hernando:

1) Proceso de conversión

La mayoría de las sectas han ideado una serie de tácticas fundamentalmente similares —y sin duda convincentes— para ganar prosélitos explotando los puntos vulnerables de los futuros devotos. Parten del principio de que existen mayores probabilidades de encontrar adeptos entre los viajeros y personas que viven alejadas de su ámbito familiar, individuos que atraviesan periodos de angustias, y especialmente jóvenes, que cualesquiera sean sus vínculos naturales, sufren las transformaciones psicológicas propias del paso a la madurez. Así, los miembros de las sectas encargados de ganar prosélitos frecuentan las estaciones ferroviarias y paradas de autobuses, aeropuertos, bibliotecas, lugares de reunión en las universidades, manifestaciones, cualquier sitio que ofrezca la posibilidad de ser frecuentado accidental o regularmente por estos seres solitarios o vulnerables, así como también hospitales, prisiones, bares y otros ambientes que mueven al individuo a sentir y manifestar un exacerbado egoísmo. Los buscadores de nuevos devotos están entrenados para ponderar rápidamente las perspectivas con que cuentan, recurriendo a la observación y a conversaciones aparentemente triviales, que les ayuden a determinar quiénes son los que merecen mayor atención.

2) Persuasión

Una vez que se ha identificado al posible aspirante, el miembro de la secta emplea una táctica estudiada para atraer su atención. Un devoto de una secta oriental, por ejemplo, se aparta del grupo de compañeros que entona cánticos delante de una biblioteca pública importante y aborda a un estudiante que, sentado en uno de los escalones, observa la escena; luego le induce a que lea uno de los folletos que hablan de un nuevo estilo de vida, le invita a cenar esa noche y allí le ofrece una camaradería fuera de lo común. En otros casos, una muchacha que acaba de llegar a la ciudad, con una mochila a la espalda y la guitarra en la mano, es abordada por dos seguidores de un grupo originado en Corea, que le ofrecen sitio en donde alojarse hasta que logre adaptarse, donde por cierto podrá comer, oír buena música y conocer a jóvenes agradables que piensan del mismo modo.

Usando una estrategia parecida, un reclutador de un grupo cristiano se sienta junto a un joven en la capilla de la Facultad y le comenta que cerca de allí se ha instalado un nuevo grupo dedicado al estudio de la Biblia, que para cualquier pregunta de índole espiritual ofrece respuestas más satisfactorias que las de las iglesias tradicionales.

Otro ejemplo: a un joven dependiente le aborda un miembro de un grupo científico-terapéutico, con aspecto de hombre de negocios, que le entrega un largo cuestionario, le habla de las posibilidades que existen de resolver los conflictos internos de la personalidad que revelen las respuestas, e invita al futuro devoto a asistir a un curso de asesoramiento destinado a eliminar tales problemas. Las variantes de este tema de la persuasión son aparentemente infinitas, si bien todas se basan en la certeza de que al menos unas pocas personas entre las muchas contactadas se decidirán a dar el primer paso que les acerque al grupo, cuyas características e incluso su nombre tal vez desconozca por no habérseles revelado.

Durante estos contactos iniciales, y en las primeras reuniones dentro del ámbito de la secta, los reclutadores hacen lo posible para que la comunidad religiosa le resulte sumamente atractiva al recién llegado. Le hacen conmover profundamente expresándole el gran interés que tienen en su bienestar, tratándole incluso con cariño y prestando una calculada atención a sus ideas, aficiones y esperanzas. El novato, por lo general, se siente emocionado y feliz de merecer tantas atenciones de estas personas idealistas, tan semejantes a él, que parecen compartir una existencia llena de sentido y resolver los problemas personales.

Consiente gustoso en conocer más detalles en el grupo, volver para recibir un programa especial, comprometerse a asistir a un curso más prolongado e incluso a restarle tiempo a sus ocupaciones habituales con tal de entrar en aquel ambiente de camaradería y perfeccionamiento individual.

3) Conversión

De este modo, el aspirante asiste a un curso o serie de clases. Es probable que se quede perplejo al oír muchas de las ideas que se exponen allí, y confuso frente a determinadas costumbres ajenas a su experiencia o ante las sutiles alteraciones que sufren los significados de las palabras, símbolos y conceptos familiares. Cualquier pregunta perspicaz que formule el iniciado acerca de la secta se deja al lado con el pretexto de que todo se le aclarará a su debido tiempo.

Estos empeños en desviar la mente del futuro adepto de cualquier idea escéptica, combinados invariablemente con una actividad permanente y con conversaciones centradas en la secta, tienden a interrumpir o debilitar las funciones de reacción que, en contextos menos controlados y estrictos, le conducirían a enjuiciar y quizá a rechazar la información recibida.

En todo caso, lo más natural es que al iniciado le resulte demasiado violento el mostrar su protesta o desaprobación por tener que rechazar la información recibida, por tener que rechazar irreflexivamente el aparente interés en su bienestar que le han mostrado sus experimentados compañeros.

El recién llegado continúa, pues, prestando atención y participando en la medida de sus posibilidades en una serie de actividades impuestas por la secta para provocar el debilitamiento mental de sus devotos. Si el iniciado ha ingresado en un grupo pseudoterapéutico, continúa además con las primeras etapas del «examen», una serie de diálogos entre él y un practicante entrenado para tal fin, destinado sin duda a destruir y eliminar cualquier indicio de vacilación o inquietud.

Asimismo, es probable que acepte la invitación de los discípulos inveterados para participar con ellos en otras actividades piadosas, educativas o sociales, impregnadas del espíritu que preside la vida de la secta.

De modo similar, los aspirantes de otros grupos tomarán parte, si bien al principio condicionalmente, en las plegarias, cánticos, discusiones y juegos que caracterizan las primeras fases del programa de conversión. También en estas sectas, los miembros de confianza, entrenados previamente para este cometido, no dejan solo al aspirante ni un momento, acompañándolo incluso hasta la puerta del baño. Durante las frecuentes visitas que le hacen al aspirante mientras éste está despierto, no dejan de incitarle en términos cordiales pero firmes para que participe activamente en la peculiar camaradería de la secta. Con su franqueza e interés, logran convencer al iniciado de que en la secta encontrará no sólo una comunidad fiel e ideales que la sociedad exterior ha traicionado, sino también la solución a los problemas que puede tener con su familia, amigos, estudios, trabajo, es decir, con todo tipo de actividad social o psicológica.

Es importante señalar que los encargados del proselitismo utilizan en sus charlas con el iniciado los datos que éste les ha dado anteriormente sobre sus ilusiones, temores y remordimientos, con el propósito de hacerle ver que sólo la secta le ofrece la oportunidad de superar estos problemas, de desterrarlos definitivamente. La conversión es, pues, un proceso personalizado, preparado por la secta en involuntaria connivencia con el desprevenido aspirante.

La fase de conversión, estimulada por una atención tan intensa e individualizada, acentúa las anteriores tensiones emocionales del nuevo candidato y le inspira otras. Estas tensiones padecidas antes de la entrada en la secta son exacerbadas mediante continuas referencias a los problemas pasionales, a la vez que otros aspectos del programa agregan a este lastre nuevas tensiones, no sólo en el plano psicológico sino también en el físico. Las conferencias maratónicas, las reuniones colectivas, las sistemáticas conversaciones con cada uno de los miembros y demás artificios acaparan continuamente la atención del iniciado e inciden negativamente sobre sus energías, minadas aún más por una calculada privación del descanso y de los alimentos necesarios.

Ni siquiera el esparcimiento de los cánticos significa un respiro en este proceso de debilitamiento mental. Por el contrario, son otros métodos para mantener fija la atención del iniciado y exigirle una pérdida tal de energía que en realidad no puede reflexionar ni enjuiciar la avalancha de mensajes desconocidos por él e inspirados en la secta, y reaccionar como debiera ante la tensión y ansiedad que le producen.

Tan intensa es la presión ejercida de este modo que en determinado momento —a menudo en el contexto de una ceremonia o disciplina destinadas a provocar una alteración en el estado emocional— el campo de atención del iniciado se reduce de modo radical. Se convierte en un ser sumamente influenciable, abandona la molesta libertad de elección que tenía antes de ingresar en la secta, y está dispuesto a aceptar los preceptos de ésta completa e incondicionalmente. Un estado de conciencia tal, causado porque la mente es incapaz de asimilar adecuadamente un proceso de información desconocida sin centrar en ella toda su atención, llega en ocasiones a asemejarse por su intensidad, a un estado de trance. Este enfoque unilateral evita que el iniciado pueda enjuiciar los nuevos conceptos desde la perspectiva de su experiencia anterior.

4) Adoctrinamiento

La conversión puede comenzar formalmente una vez que la mente del aspirante ha adquirido un carácter receptivo. Valiéndose de clases interminables y de una intensa actividad devota o confesional, implantadas para mantener y fortalecer la receptividad del iniciado, los proselitistas intentan llevar a cabo una profunda transformación ideológica. Al inducir al iniciado a participar activa e intensamente en las ceremonias y acatar la rigurosa disciplina de la secta, le llevan a adoptar total e incuestionablemente la visión del mundo exterior que tiene la misma.

Con el tiempo, el iniciado hace suyo el estilo de vida de la secta y la visión del mundo que tenía antes de ingresar en ella pasa a ser un recuerdo lejano, en parte olvidado y en parte anulado, ausente de su realidad cotidiana.

Una de las consecuencias de esta reeducación es la de polarizar la actividad mental del devoto, induciéndole a creer que la secta representa todo lo bueno y provechoso que necesita y que las demás asociaciones son perniciosas, incluso perversas, por lo que hay que evitarlas a cualquier precio o manipularlas para ponerlas al servicio del nuevo miembro. Esta simplificación, en la que ya no cuentan en absoluto las antiguas ambigüedades del devoto, exagera los recelos que antes sentía hacia muchos aspectos importantes de su existencia anterior y le hacen adoptar una actitud de franco antagonismo hacia ellos. Comienzan a repugnarle las creencias «heréticas» que inspiran a la religión y la sociedad, de las que se van desprendiendo gradualmente, por las que recurrirá en adelante al engaño y al fraude en sus contactos con el mundo exterior y hostil, convencido de que los fines sagrados justifican tales medios. De ahí surge también el rechazo cordial que siente hacia sus progenitores y maestros.

Mientras prosigue al adoctrinamiento, los líderes no pierden ocasión de conjurar el espectro de castigos sobrenaturales que penan la desobediencia. La redención y la salvación les está reservada a los creyentes y practicantes convencidos, mientras que a los herejes les aguarda la condenación eterna y el sufrimiento.

Así bien puede decirse que la mente del devoto aparece dividida. Una segunda personalidad, que le ha impuesto la secta, empieza en ocasiones a conseguir cierta autonomía, mientras sigue luchando con la personalidad anterior para ocupar el primer plano de la conciencia. Poco a poco se ha ido convirtiendo en otro hombre distinto del que anteriormente era.

Este proceso de conversión presentado por el doctor Clark sigue una línea de trabajo desarrollada principalmente por psiquiatras y psicólogos basado en el «efecto despersonalizador» que va unido al fenómeno sectario coercitivo.

La mayor parte de estos especialistas: Lifton (1961), Sargant (1957, 1967), Schein (1961), Brown (1963), Milgran (1973), Clark (1979), Conway y Siegelman (1978), Schawartz y Kaslow (1981), West y Singer (1980), Andersen (1983), Langone (1982 y 1985) y Ash (1985) plantean que la conversión sectaria se produce a través de una escala persuasiva gradual que va desde la captación con engaño hasta el adoctrinamiento total del sujeto. Todo ello realizado dentro de lo que describen como un continuum de influencias que clasifican en dos grandes bloques metodológicos: el *persuasivo/manipulador* y el *controlador/coercitivo.*

En el primero, *persuasivo/manipulador*, describen las siguientes técnicas: argumentos racionales orientados a través de la obediencia, atractivos emocionales, tácticas de obediencia como conformidad, reciprocidad, prueba social, autoridad, placer, escasez, grandes recepciones e hipnosis (varias formas).

En el segundo, *controlador/coercitivo*, incluyen las técnicas de: aislamiento de la ayuda social, premios y castigos selectivos, denigración de uno mismo y del pensamiento crítico, estados disociadores para suprimir la duda y el pensamiento crítico, alternancia de autoridad/amenaza e indulgencia/amor, inducción a la culpabilidad a través del control, promoción activa de la dependencia, debilitación, coacción, castigo físico y confesiones públicas mediante presión.

Merece señalarse que algunos investigadores —entre ellos muchos sociólogos (Barker, Beckford, Robbins, Lofland, Stark, Wallis y Mayer)— no comparten el criterio de reforma de pensamiento en la conversión. Para estos autores la conversión del sujeto se da por diversos factores, en forma paulatina y no por sofisticadas técnicas de «control mental».

Repercusiones psíquicas del adepto

Quisiéramos referirnos a las consecuencias sobre la salud física y mental que sufren los adeptos a determinadas sectas destructivas. Es importante aclarar que el grado de afectación y deterioro psíquico de un miembro esta básicamente en función de tres factores:

- la personalidad previa del sujeto,
- su nivel de integración y permanencia en la secta, y
- el tipo de secta y su dinámica interna.

Entre los autores que han analizado a fondo las alteraciones que sufren los adeptos se destacan: R. Delgado (1977), M. T. Singer (1979), J. L. West y M. T. Singer (1980), J. Clark y colegas. (1981), M. Langone (1983), M. H. Spero, S. M. Ash (1985) y M. T. Singer (1988).

Observemos las principales:

- Reducción y alteración de los mecanismos de defensa del yo. Aumento de las tendencias narcisistas, formación de cualidades cognitivas pasivo-dependientes y deterioro en la función de diferenciación del yo.
- Alteración drástica de la jerarquía de objetos y valores previos con desvinculación del sujeto respecto de su pasado, sus raíces, su entorno y sus identificaciones previas.
- Reducción de la flexibilidad y de la adaptabilidad cognitivas; disminución del pensamiento crítico e independiente; atención-percepción selectivamente estrechadas e intensificadas; distorsión de la percepción e interpretación de la realidad; saturación de la capacidad de análisis y procesamiento de la información; y procesos de pensamiento constreñidos y maniqueos.
- Regresión, infantilización, dependencia del grupo con obediencia ciega al líder, imposición de la emocionalidad sobre la racionalidad y enlenticimiento del desarrollo evolutivo (inmadurez).
- Labilidad emocional. Emocionalidad aplanada, no espontánea, distante, deprimida o bien eufórica, maniquea y efervescente.
- Transformación de la propia identidad por otra sintética que reproduce la identidad grupal.
- Aparición de disociación, obsesiones, pensamiento paranoide, alucinaciones y otros signos y síntomas psicopatológicos.
- Deterioro de la salud y otros cambios físicos: alteraciones hor-

monales, mirada vidriosa, y alteraciones del peso, apetito, vitalidad y funciones sexuales.
- El trastorno psicopatológico que se puede desencadenar es de tipo psicótico y suele corresponder al trastorno disociativo atípico diagnosticado en el epígrafe 300.15 del *Manual Diagnóstico y Estadístico de los Trastornos Mentales*, conocido como DSM-III y confeccionado por la American Psiquiatric Association.

Otros trastornos y alteraciones que suelen darse en los miembros de una secta, una vez que abandonan la misma son:

- Trastorno de estrés postraumático.
- Reacción esquizo-afectiva reactiva.
- Ansiedad.
- Fobias.
- Reacciones de estrés en forma de traumas físicos.
- *Anomia*: sentimiento de alienación y desgano resultado de la pérdida o debilitamiento de las normas de valoración, ideales y objetivos anteriores.
- Deterioro de la memoria y del funcionamiento intelectual.
- Problemas del contenido del pensamiento.
- Flotación (sensación de haber sido transportado de nuevo al pasado sectario, súbita e involuntariamente, a un estado de intensa emocionalidad o de alteración de conciencia), similar al *flashback* que padecen los toxicómanos.
- Depresión proveniente de la pérdida de amigos, del proyecto de salvación, de autoridad divina, de valores, etc.
- Culpabilidad por lo hecho en la secta y por lo dejado de hacer fuera de ella; también por abandonar el grupo y el proyecto común.
- Desconfianza de sí mismos por haberse dejado manipular y temor a la propia autonomía, al reencuentro con la propia identidad y la adquisición de compromisos.
- Dificultad de restablecer relaciones sociales entre iguales, no

sometidos a una autoridad, a menudo para el caso de relaciones heterosexuales.

Una vez más quisiéramos recordar que lo señalado anteriormente debe ser tomado solamente como marco referencial de los peligros que pueden ocasionar determinadas sectas. Cada afectado, sin embargo, precisará de un estudio específico para evaluar la dimensión de su deterioro y establecer un diagnóstico preciso particular.

También es importante señalar que algunos investigadores, vinculados a la sociología de la religión creen que los nuevos integrantes de una secta sienten un efecto positivo. Tal como afirmaba Eugene Galanter (1982) estos sujetos dicen sentir una nueva fuerza, una fuente espiritual, así como un menor rechazo de sí mismos. También se puede observar en ellos una mayor tranquilidad como fruto de calmar su estrés, una satisfacción emocional y un sentimiento de pertenencia a una elite. No obstante se observa que los sociólogos críticos de los procesos de reforma de pensamiento no han dado una respuesta clara a los problemas psicológicos que padecen un porcentaje importante de exmiembros. El mismo Galanter reconocía en un informe presentado en el *Journal of American Psychiatry*, que el 24% de exmiembros de la Iglesia de Unificación necesitaba una terapia adecuada para combatir la «paranoia, la depresión, y fenómenos disociativos que, en otro contexto, podrían reflejar una patología duradera».

XII
REFORMA DEL PENSAMIENTO Y PERSUASIÓN COERCITIVA

La mayoría de los trabajos referidos a los procesos de Reforma o Modificación de Pensamiento y Persuasión Coercitiva (en adelante RP/PC), términos correctos del comúnmente denominado «lavado de cerebro», son de origen extranjero y se encuentran elaborados en un lenguaje técnico difícilmente accesible a todos aquellos con profesiones y actividades, ajenas a las que se relacionan con la presente temática.

Cuando se hace referencia en los medios de comunicación social a los procesos de RP/PC efectuados por algunos movimientos de características sectarias, tiende a homologárselos a los realizados en prisioneros de guerra, especialmente en las confrontaciones de China, Corea y Vietnam. Pero existen, entre otras, dos grandes diferencias que remiten al objetivo y a la metodología inicial, respectivamente.

La primera de ellas consiste en que las técnicas implementadas con prisioneros de guerra, buscaban afectar sólo o principalmente el área del «pensar político», mientras que el resto de las funciones permanecía más o menos inalterables. En los movimientos de características sectarias, por el contrario, el proceso atañe a toda la personalidad.

Esta diferencia obedece a que la finalidad de las primeras se centraba en que el sujeto sometido a tales técnicas, una vez liberado, retornara a su ámbito social en forma medianamente normal y fuera allí fermento de las nuevas concepciones políticas asimiladas. Las sectas, en cambio, apuntan a que el sujeto corte sus vínculos con el ámbito social al que pertenece y, apartándose del mismo, pase a depender exclusivamente del movimiento en cuestión.

La segunda diferencia remite a que en los procesos de RP/PC utilizados con prisioneros de guerra no se contaba con la anuencia del sujeto, cuya lógica rebeldía era anulada mediante brutales castigos físicos, confinamientos más o menos prolongados, y otras prácticas torturantes.

En las sectas, en cambio, se cuenta con el beneplácito del sujeto quien cree encontrar en dicho movimiento, una serie de respuestas a necesidades insatisfechas. De esta manera no se registran en él las resistencias habituales del primer caso, incrementando de esta manera, no sólo la rapidez, sino la efectividad de las técnicas de la que es objeto.

Como se desprende de los párrafos anteriores, el comúnmente denominado «lavado de cerebro», consiste en una serie de técnicas psicológicas manipulatorias y coercitivas que buscan alterar, en forma más o menos radical, la visión frente al mundo para aceptar una nueva versión de la realidad, reinterpretando las pautas de vida anteriores al ingreso a la secta en cuestión y aceptar obedientemente un sistema de creencias, «dictado» por un líder absoluto e incuestionable.

El éxito se consigue cuando, atacados los aspectos centrales del *yo,* las personas sometidas a estos procesos abandonan el sistema de creencias, valores, juicios, relaciones y demás pautas de vida pasadas, para asumir una nueva estructura alternativa, ofrecida por el movimiento como única salida posible para solucionar un estado profundamente conflictivo que, muchas veces, ha sido creado artificialmente.

Es de destacar que, a su vez, existen dos elementos clave para la realización efectiva de un proceso de RP/PC. Uno de ellos son el *proselitismo engañoso*, y el restante consiste en el *develamiento paulatino de la verdad.*

El primero de ellos, que posibilitará luego el desarrollo del segundo, se refiere a la estrategia adoptada por varios movimientos de características sectarias para la captación de desprevenidos ciudadanos, llegando incluso muchos de ellos a ocultar, primigeniamente, el contenido religioso o las verdaderas prácticas a las que serán sometidos una vez dentro del grupo. Luego de este primer contacto le siguen otros donde, paulatinamente, se le van develando los verdaderos contenidos del movimiento.

De esta manera y a medida que el sujeto fortalece los vínculos con el grupo y, en contrapartida, los debilita con su entorno familiar y social, se lo va enfrentando en forma progresiva con prácticas y creencias que, si hubieran sido manifestadas abiertamente desde el principio, difícilmente habría prestado el nuevo adepto su consentimiento para el ingreso.

Estos dos elementos son fundamentales para entender en su esencia los procesos de RP/PC, ya que son muchas las personas que al observar los cambios radicales que dichas técnicas producen en un sujeto, difícilmente los comprenden en su verdadera magnitud, pues tienden a considerarlos como *actos* y no como fruto de un *proceso.*

El «lavado de cerebro» y la controversia anti cultos/contra cultos

Tanto en Estados Unidos de Norteamérica como en los países europeos, donde existe una no desdeñable experiencia en el estudio del fenómeno de las sectas y NMR, los organismos dedicados a la profundización del tema se dividen, mayoritariamente, en dos grandes categorías: *anti cultos* y *contra cultos,* con sus consecuentes subcategorias[1].

Los *anti cultos* son organismos de procedencia secular, generalmen-

[1] Existen quienes proponen las subcategorías para ambas líneas, de «racionalistas» y «posracionalistas», como así también la de «pro cultos», donde se enmarcan algunos investigadores que defienden sistemáticamente a cuanto movimiento de características sectarias tiene algún problema judicial.

te conformados por ciudadanos que se han visto afectados directa o indirectamente por el fenómeno sectario. Los mismos sostienen, frecuentemente, que no se ocupan de las *creencias* de los movimientos que son objeto de su estudio, sino de las *prácticas de dichas creencias.* Las instituciones más representativas en esta categoría serían la ex Cuit Awareness Network (CAN) y la American Family Foundation (AFF), de Estados Unidos; La Asociación para la Defensa de la Familia y el Individuo (ADFI), de Francia; la Family Action Information and Rescue (FAIR), del Reino Unido; y Pro Juventud/AIS, de España, entre otras.

Par su parte, los *contra cultos* son organismos que generalmente proceden de las diversas confesiones religiosas, aunque la mayoría de ellos provienen del espectro protestante. Los mismos suelen asignar por sus orígenes confesionales, una gran importancia al aspecto referido a las *creencias*, lo cual consideramos acertado ya que no pocas veces la práctica, deriva de una creencia. Algunas de las instituciones que podemos encontrar dentro de esta categoría son el Centro Studi Nuove Religioni (CESNUR), de Italia; Information Network Focus on Religious Movements (INFORM), del Reino Unido; el Centre d'Information sur les Nouvelles Religions (CINR), de Canadá, y el Institute for the Study of American Religion (ISAR) de Estados Unidos, entre otros, aunque el último de los mencionados bien podría pertenecer a una tercera categoría que definiríamos como *pro cultos.*

Aparte de esta primera y no desdeñable diferencia entre ambas categorías, encontramos también que en los movimientos *anti Cultos,* se encuentra muy comprometido el aspecto *afectivo.* Como dijéramos más arriba, estos grupos se encuentran conformados generalmente, por padres que tienen o han tenido un hijo involucrado en una secta, y por exmiembros. Ello deriva en que, al encontrarse tan a flor de piel lo emocional, tiendan a manifestar una actitud más bien combativa y, en algunos casos, a perder objetividad.

Por tal razón son criticados con frecuencia, por considerar *secta* a todo aquel movimiento que posea cierto rigorismo o presión religiosa, perdiendo de vista otros elementos del contexto, que lo explicitaría. La consecuencia que deriva de ello es la inclusión, por parte de algunos integrantes de esta corriente, de movimientos pertenecientes a religiones clásicas o tradicionales como es el caso del Opus Dei, el cual, de ninguna manera puede ser considerado una secta.

Algunas instituciones enroladas en el movimiento *anti cultos* se encuentran impregnadas de la actual visión secularista de la sociedad, generando la opinión de que toda actividad religiosa debería restringirse al ámbito privado, no afectando mayormente la vida social. Parecería que para ellos, la categorización de *secta* dependiera de una cuestión de graduación de la práctica religiosa, y que la integración de los valores religiosos a todos los aspectos de la vida individual sería un rasgo asocial e incompatible con las normas de vida actual. En fin, sostendrían que para un cristiano ser signo de contradicción, con todo lo que ello implica, equivaldría a una *actitud sectaria.*

Si bien el aspecto de la graduación no puede dejarse totalmente de lado, por su relación a un posible fanatismo donde el todo se mide desde la parte, creemos que sólo valdría como un elemento más a tener en cuenta, pero de ningún modo podría ser asumido como determinante.

Consideramos que el aspecto referido a las creencias es sumamente importante. Éstas no pueden ser dejadas de lado, y no sólo en un carácter meramente descriptivo, como asépticamente lo plantean algunos sociólogos enrolados en el movimiento *contra cultos*, sino por sobre todo, en las proyecciones o consecuencias que pueden derivarse de dichas creencias. No va a producir los mismos efectos en una sociedad, que la mayoría de sus integrantes crea en un Dios personal con el que el hombre, libremente, puede relacionarse, con otra que crea en la divinización del hombre, como postula la New Age o Nueva Era. Es decir, no es lo mismo una concepción cristocéntrica donde la igualdad de los hombres ante Dios y la diversidad entre los hombres se encuentran equilibradas, que una concepción antropocéntrica donde la igualdad, siempre impuesta, atropella la diversidad, por la elección autoritaria de un modelo a seguir, generalmente decidida por un líder y usando los parámetros de su propia imagen y semejanza. Y esto no sólo se registra en NMR de características sectarias, sino que lamentablemente también se puede observar en lo sociopolítico, como lo fue en las décadas del 30 y el 40 con el nazismo y el modelo de la raza aria.

Un exponente del movimiento *contra cultos* nacional, en un artículo aparecido en un matutino, manifestaba que «... se apunta a la "creencia" religiosa como principal instigadora de la violencia y no a la forma particular en que determinados individuos la sostienen»[2]. Lamentablemente el autor de tal artículo no se preguntó de qué manera y qué consecuencias puede acarrear cuando esa *forma particular de sostener una creencia* es impuesta a su feligresía, progresivamente, por el líder de un NMR de características sectarias; o qué consecuencias puede acarrear cuando *la forma particular de sostener esta creencia,* deviene de la misma creencia.

A su vez los *contra cultos,* amén de no estar tan comprometidos con lo afectivo y poseer generalmente un buen nivel académico, suelen pecar de lo que hemos dado en llamar un *mal asumido complejo de culpa religioso*, fenómeno éste que suele observarse en aquellos que practican la religión mayoritaria en una región determinada. En el caso de Argentina y otros países latinoamericanos, mayoritariamente católicos, algunos laicos, sacerdotes, políticos, funcionarios y académicos, temen en más de una oportunidad realizar señalamientos críticos respecto de un NMR, por temor a ser tildados con el cliché de *cruzados* o *inquisidores*, de no respetar a las minorías religiosas y de ser poco pluralistas. El hecho de no discernir entre pluralismo y defensa del bien común cuando éste se encuentra afectado, es aprovechado por más de un NMR de características sectarias que, de tanto en tanto, recurre a estos clichés, enarbolando supuestos datos históricos de muy dudoso origen. Cabe destacar, empero, que esto no ocurre sólo con los católicos, ya que un efecto semejante se registra con las Iglesias Ortodoxas y las comunidades protestantes históricas, en aquellos países donde éstas

---

2 Cf. *Clarín*, 12/10/94, p. 18.

son mayoría.

Además, la procedencia confesional de los *contra cultos* provoca, no pocas veces y entre otras razones por la mencionada precedentemente, que intenten dar una imagen de objetividad tal, que a veces pierden de vista el objeto y la finalidad del estudio, incurriendo algunos representantes de esta corriente en un *neoirenismo* que, al mejor estilo del tango *Cambalache*, sostiene que «todo es igual, nada es mejor», y siendo acusados por los *anti cultos* de abocarse sólo a especulaciones académicas y no dar respuestas tangibles a la problemática.

Estas cuestiones han provocado, como derivación y entre otros efectos, que en los grupos *anti cultos* exista una importante estructura para ayudar al afectado, directa o indirectamente, por el fenómeno de los NMR, mientras que en los *contra cultos* se privilegie, aunque en algunos casos también exista esta ayuda, el aspecto académico.

Una anécdota ejemplificadora sobre esto puede resultar la acaecida en un congreso internacional que sobre NMR realizaran diversos organismos *contra cultos* en la ciudad de Londres, en marzo de 1993. En dicho encuentro, y para dar una imagen de apertura y objetividad, participaron como expositores diversos ocultistas y dirigentes de distintos NMR. Esto que, en principio, no sería objetable, comenzó a complicarse cuando, por ejemplo, tomó la palabra el representante de la Iglesia de la Cienciología, uno de los movimiento más controvertidos mundialmente y que en nuestro país no se encuentra registrado como un culto, sino como una asociación civil. Apenas éste subió al estrado, no dejó de dispararse una cámara fotográfica de manera tal que en el lapso de apenas diez minutos se tomaron alrededor de veinte fotografías.

En el intervalo siguiente hice notar a uno de los organizadores que me había llamado mucho la atención tal actitud, máxime si teníamos en cuenta que a lo largo de todo el congreso no había habido ninguna toma fotográfica de otros expositores. Luego le pregunté qué ocurriría si, en el día de mañana, una persona se acerca a la Iglesia de la Cienciología para recabar información de la misma, preocupado por la inserción de un hijo u otro familiar y allí le respondieran, ante el temor manifestado de que ese lugar pueda ser una secta, que ello no era así de ninguna manera, que por el contrario, ellos estaban muy preocupados por el fenómeno de las sectas, hasta el punto tal que habían sido invitados a participar en un congreso internacional sobre dicha temática, al tiempo que le muestran las fotografías del líder del grupo junto a otros investigadores, verdaderamente preocupados por el tema. La respuesta que obtuve a tal inquietud fue: «Tienen razón, pero ése es uno de los riesgos»[3]. Un hecho similar volvió a registrarse en el transcurso de otro congreso internacional llevado a cabo en la ciudad de Recife, Brasil, en mayo de 1994, con la participación y el despliegue de un descarado proselitismo de los Niños de Dios/La Familia.

Otro elemento que tiende a crear un brecha entre las dos categorías, es el referido al tema de la Persuasión Coercitiva y Reforma de Pensamiento (lavado de cerebro). A veces, incluso, parece que este aspecto fuera el único sobre el que se centran las discusiones entre las dos corrientes, hecho que no deja de llamar la atención[4].

Al respecto los movimientos *anti cultos* cuentan con una serie de profesionales de la salud que defienden dicha teoría basándose en los considerables trabajos que a lo largo de años se han desarrollado sobre dichos procesos. Lamentablemente y en más de una oportunidad este aspecto ha sido enarbolado por algunos organismos *anti cultos,* como algo *mágico,* tratando de explicar toda la compleja temática de los NMR recurriendo a esta teoría.

Por su parte los *contra cultos,* molestos por el manejo periodístico y sensacionalista con que, generalmente, se aborda el tema del lavado de cerebro, tienden apriorísticamente a negar la posibilidad de su existen-

3 Una confusión similar, aunque con algunas diferencias, se registraba en nuestro país la Escuela de Yoga de Buenos Aires, que invitaba entre otras personalidades, a desprevenidos sacerdotes católicos a dar conferencias en su sede. Esto motivó que en 1993 el Arzobispado de Buenos Aires emitiera una advertencia sobre dicho movimiento, sugiriendo a los sacerdotes a declinar invitaciones del mismo para evitar que ello fuera aprovechado por el grupo (Cf. *Boletín Eclesiástico*, agosto de 1993).

4 Al respecto existe una profusa bibliografía, con autores de ambas líneas.

cia. Un elemento curioso en el campo de los *contra cultos* consiste en que la mayoría de los que niegan la posibilidad de una manipulación psicológica coercitiva son profesionales de disciplinas que no les otorga respaldo académico para dichas aseveraciones, ya que o bien son sociólogos, o bien historiadores, abogados, teólogos, etc.

Creemos que estas dos posiciones son extremas. El comúnmente llamado «lavado de cerebro» no puede ser de ninguna manera utilizado como varita mágica para explicarlo todo, pues esto llevaría a liberar a muchos de una serie de responsabilidades frente al fenómeno de las sectas o NMR.

Nos referimos aquí a la responsabilidad que tienen las familias en la formación en el más amplio sentido, incluyendo el religioso, de sus hijos, así como también al logro de una comunicación frecuente, íntima, profunda y enriquecedora de los miembros y la consecuente contención de los mismos. Nos referimos a la responsabilidad de las religiones clásicas o tradicionales, en la profundización de esa fe bebida en el hogar, ya que no pocas veces estas religiones clásicas o tradicionales cuentan con excelentes teólogos, pero pésimos pedagogos; o representantes de las mismas que por no correr el riesgo de sufrir el mote de inquisidor, callan verdaderas violaciones a los derechos humanos[5]. Nos referimos a la responsabilidad que tienen los funcionarios y las diversas instituciones gubernamentales que, en base a un mal entendido concepto de libertad religiosa, de amplitud o espíritu ecuménico, y no distinguiendo entre la libertad de creencias y libertad de culto, no se animan a velar por el bien común de la sociedad a la que se deben. Y, sin lugar a dudas, nos referimos también a la responsabilidad que le cabe a los propios afectados que, ligeramente y por razones general-

---

5 Éste fue el caso, entre otros, del Movimiento Ecuménico por los Derechos Humanos que, en octubre de 1993, emitió un comunicado sobre las presuntas violaciones de los derechos humanos efectuadas por el juez Marquevich, apoyado sólo en el auto de prisión preventiva, pero se negó a emitir un comunicado sobre las violaciones de tales derechos efectuadas por el movimiento de Los Niños de Dios/La Familia, pese a haber accedido a documentación de uso interno del mismo grupo, que así lo acreditaba.

mente emotivas, cambiaron de creencias sin haber profundizado a conciencia los contenidos de la propia; o, que por esa ley de compensación, tan conocida por psicólogos y psiquiatras, claudicaron en un principio, metodología u objetivo, porque el proyecto presentado por el circunstancial NMR le resultaba más conveniente a sus intereses personales.

Este último es un aspecto importante y que no debe ser olvidado. La atención profesional de personas que han abandonado movimientos de características sectarias nos ha demostrado que en algún momento, de todo el proceso de captación e indoctrinamiento, siempre se ha registrado cierta claudicación. Esta claudicación, que varía de persona a persona, y puede ser efectuada en los principios, objetivos o metodologías para acceder a un proyecto, y que a menudo se produce por un efecto compensatorio, hace posible que se implementen las diversas técnicas que harán posible el desarrollo del proceso de persuasión coercitiva y reforma de pensamiento, hasta lograr que asuma la particular personalidad que ha sido estipulado por el movimiento en el que se ha involucrado.

Técnicas psicológicas implementadas

Las técnicas psicológicas implementadas en los procesos de RP/PC varían según los movimientos. Por ejemplo, movimientos de características sectarias que utilizan el yoga, el control mental o la meditación trascendental como pantalla para captar nuevos adeptos, utilizan técnicas de respiración, y en especial la de hiperventilación. Es decir, inspiraciones profundas y prolongadas que producen un exceso de oxígeno en el cerebro.

Ahora bien, este exceso de oxígeno en el cerebro actúa directamente sobre el sistema nervioso central y produce una serie de efectos como pueden ser estados alterados de conciencia (mareos, ilusiones, alucinaciones) similares a los registrados cuando se ingieren ciertos alucinógenos; temblores musculares que pueden derivar en convulsiones, y sólo porque se altera el nivel de alcalinidad en la sangre; y amnesias, pérdidas de la memoria temporales, que se van prolongando en duración e intensidad, de acuerdo a la frecuencia de la hiperventilación.

Aquí podemos encontrar un ejemplo de lo que definíamos párrafos atrás, como *proselitismo engañoso*. Porque cuando una persona empieza a registrar estos primeros estados alterados de conciencia, el gurú, maestro, guía u orientador, en lugar de decirle que es perfectamente normal en razón del exceso de oxígeno, le manifiesta que está por alcanzar un grado superior de conciencia y que, por lo tanto, incremente la hiperventilación. Comienza a generarse así un círculo cerrado, un círculo vicioso, o efecto de autoalimentación constante.

Este cierre de círculo es algo muy buscado en los procesos de RP/PC. Y es precisamente por ese cierre de círculo y ese efecto de autoalimentación constante, que a una persona sometida a tales técnicas le sea tan difícil abandonar el movimiento mientras no se quiebre dicho círculo.

Pese a estas técnicas específicas, puede hacerse un resumen de un proceso tipo y común a la mayoría de los movimientos. A continuación se consignarán algunas de las técnicas implementadas:

- *Paternalismo benevolente*. En los contactos iniciales, el «influenciador», es decir, aquel que llevará adelante el proceso, se presenta frente a la persona a captar con un carácter paternalista y benevolente. De esta manera logra generar una corriente afectiva con la persona a influenciar. Al generarse esta corriente afectiva, la angustia desciende y el sujeto comienza a desahogarse.
- *Confesiones íntimas*. El influenciador procurará que en su desahogo, el sujeto haga confesiones íntimas, minimizando algunos problemas y sobrevalorando otros. Asimismo, a través de estas confesiones, podrá contar con elementos concretos para luego presionar en el resto del proceso. Por sobre todo le interesará saber cómo es la familia del sujeto, qué nivel de ingresos

tiene, con quién se lleva mejor y con quién peor, cuáles son sus fantasías, ideales y logros, y por sobre todo, le va interesar saber cuáles son sus temores, frustraciones y fracasos.

- *Love Bombing (Bombardeo de amor).* Luego de los contactos iniciales lo invitará a pasar unos días a una «colonia» o a realizar algún curso. No hay gran diferencia, sólo que en el curso, el proceso demora un poco más, pero básicamente es similar. Apenas ingresa al curso o a la colonia, es recibido por toda la comunidad de una manera muy afectuosa, muy cariñosa.
- *Padres espirituales.* Al ingresar le es asignado un «padre» o una «madre espiritual», un «guía» u «orientador»; en algunos movimientos los llaman «ángeles de la guarda». Estos tienen por objetivo no dejar ni a sol ni a sombra al sujeto a influenciar; seguir provocando confesiones íntimas y dar respuesta a toda pregunta que el sujeto pudiera hacer.
- *Respuestas simplistas y maniqueas.* Toda pregunta que el sujeto a influenciar pudiere hacer, son evacuadas con respuestas simplistas, reduccionistas, que no llevan más de veinte palabras y, en consecuencia, son fácilmente memorizables. Estas respuestas también se caracterizan por su fuerte contenido «maniqueo» y «dialéctico», dividiendo radicalmente al mundo en dos: todo lo bueno está dentro del grupo, y todo lo malo, fuera de él.
- *Control de la información.* Toda la información proveniente del mundo exterior pasa previamente por un tamiz, cuando no, suprimida totalmente o reinterpretada según las creencias particulares del movimiento.
- *Control del tiempo.* Prácticamente no existe el tiempo libre. El sujeto pasa largas horas escuchando sermones, conferencias, cantando canciones, leyendo o recitando «mantras» (oraciones orientales).

Para tener una idea de la intensidad de estas prácticas diremos a manera de ejemplo que los integrantes del grupo popularmente conocido como Hare Krishna, tienen la obligación de recitar su mantra característico, 1.728 veces por día. Esto produce un síntoma específico: «disociación temporoespacial». Es decir, el sujeto que recita estos mantras, pierde paulatinamente la noción de tiempo y espacio, entrando en un «estado confusional» y adormeciendo, en consecuencia, la capacidad de pensamiento lógico y análisis crítico. Todo proceso de RP/PC va a estar orientado a anular estas capacidades, para alcanzar un estado confusional.

- *Trabajos agotadores, escaso descanso y alimentación pobre.* En los periodos restantes es sometido a trabajos de gran esfuerzo físico; pocas horas de sueño, que no alcanzan para recuperase completamente; y una alimentación generalmente pobre en complejos vitamínicos y proteicos, pero muy rica en energizantes (azúcares e hidratos de carbono), lo que genera una falsa sensación de energía, cuando ocurre todo lo contrario, el cuerpo se debilita rápidamente.
- *Atrofiamiento de la identidad, memoria y pautas de vida anteriores.* Paulatinamente y merced a diversas técnicas se busca un atrofiamiento paulatino de estas capacidades. El atrofiamiento de la identidad se ve favorecido por el cambio de nombre que no pocos movimientos exigen a sus miembros; el de la memoria se logra a través de técnicas de inducción al trance e hiperventilación; y el de pautas de vida anteriores ofreciéndole la posibilidad de alcanzar grandes logros o ideales heroicos, pero que sólo podrán alcanzarse si ejerce primero «renunciamientos».
- *Renunciamientos progresivos.* Para el logro de las metas propuestas por el movimiento es frecuente que se exijan diversos renunciamientos que, a su vez, refuerzan la dependencia hacia el grupo. De esta manera, progresivamente, se lo inducirá a renunciar a los estudios, el trabajo, las amistades y la propia familia, ya que todo debe estar subordinado al grupo.
- *Testimonios de terceros.* Ésta es una de las técnicas más utilizadas y es donde también juegan un papel importantísimo los datos que se recabaron en las «confesiones íntimas» realizadas en los contactos

iniciales. De esta forma integrantes del grupo de manera aparentemente espontánea presentan testimonios con problemáticas muy similares por las que atraviesa el sujeto a influenciar. Dichos testimonios culminan con la manifestación de que sólo encontraron solución a sus problemas dentro del movimiento y gracias a él.

- *Confesiones públicas.* En estos casos los testimonios asumen un carácter expiatorio y, generalmente, van acompañados con relatos donde se detallan las consecuencias que les acarrearon las «desobediencias» o «traiciones» a las normas que sostiene el grupo. Se observa asimismo, como rasgo característico de las consecuencias, que éstas frecuentemente son de tipo mágico y con una clara «lógica de correspondencia».
- *Inducción a crisis.* Ésta es una técnica muy utilizada en grupos evangélicos de tipo pentecostal y en cultos afrobrasileños. Mediante la misma se induce en los miembros una crisis de tipo «histérica» que, amén de fuertes estados confusionales, provoca una serie de reacciones psicofisiológicas que pueden llevar a síndromes de anestesia sensitiva, los cuales son reinterpretados dentro del movimiento, como sanaciones milagrosas.
- *Repaso de las mejoras.* Periódicamente se lleva a cabo un repaso sistemático de todas las mejoras registradas por el *sujeto,* haciendo especial hincapié en que ellas fueron logradas merced a la voluntaria inserción en el grupo y que sin el mismo, jamás habrían sido posibles.
- *Código comunicacional específico.* También es frecuente la utilización de un lenguaje particular, sólo entendido por los integrantes del movimiento. Ello genera un efecto psicológico de privilegiados, elegidos, y por sobre todo, distintos al resto de la sociedad, ahondando aún más la separación y aumentando la dependencia con el grupo.
- *Peyoritivización y denigración de disidentes.* El carácter despectivo con el que es teñido todo lo ajeno al movimiento y la denigración constante de los que lo abandonaron o no desearon ingre-

sar es también un elemento clave para el reforzamiento constante de ese sentimiento de «elegidos y privilegiados», a la vez que va generando «fobias» hacia el posible abandono del movimiento en cuestión.

- *Realización de acciones valoradas por el grupo.* Al acercarse a la finalización del proceso básico de RP/PC, se le suelen dar al sujeto para que lleve a cabo, tareas ampliamente valoradas por el grupo. Éstas generalmente consisten en la recaudación de dinero, vendiendo posters, folletos o sahumerios; y de proselitismo, es decir, la captación de nuevos adeptos.

Este último tipo de tareas generan, especialmente, tres efectos importantes y que deben ser tenidos en cuenta para entender el «cierre del círculo» en los procesos de RP/PC.

En primer lugar, aumenta la autoestima del sujeto, ya que no sólo es un integrante, sino una parte activa e importante del grupo. En segundo lugar, se logra que todas las tensiones que hayan podido surgir durante el proceso se vayan disipando con esta actividad fuera del movimiento. Finalmente, el más importante de todos los efectos, consiste en que las probables dudas que aún le pudieran quedar al *sujeto* se vayan diluyendo paulatinamente en una suerte de «autoadoctrinamiento», al intentar captar a otros.

De esta manera, y sin tomar plena conciencia de ello, de influenciado va transformándose lentamente... en un nuevo influenciador. Se cierra el círculo de autoalimentación y comienza toda una nueva cadena de captación sectaria.

XIII
PAUTAS PARA DESCUBRIR UNA SECTA

No hay en este sentido unanimidad para reconocer una serie de pautas que nos digan qué grupo es una secta, y sobre todo qué grupo es una secta destructiva. Lo que sí está claro es que el mayor peligro comienza a través de la manipulación mental, y respecto a ello hay una serie de puntos estudiados por el investigador Robert Jay Lifton que vienen a ser tomados actualmente como básicos para reconocer a una secta destructiva:

1. *Control de la atmósfera social y de la comunicación humana.* Con ello se busca el aislamiento social del individuo, procurando que no esté en contacto con ideologías o pensamientos diferentes a los del grupo. Suelen comenzar por apartarse de la familia y de los amigos. Pero también se produce este control dentro del grupo, procurando que el individuo no piense demasiado, teniéndolo todo el día atareado en las prácticas de culto u en otros deberes. No permitiéndole pensar.
2. *Manipulación mística.* El o los líderes del grupo preparan un ambiente espiritual basado en una serie de milagros, profecías,

experiencias místicas, que hacen pensar al individuo que está en el buen camino «espiritual» tratando de captar toda su fe hacia lo que promulga el grupo, desconociendo el individuo que todo ello es artificial.

3. *Redefinir el lenguaje.* Para dirigir el pensamiento de los fieles del grupo se va introduciendo un lenguaje simple y preparado que anule la capacidad de crítica del individuo, de manera que se van estableciendo una serie de fórmulas de lenguaje y clichés. Se busca a su vez transmitir la idea de que sólo unos elegidos pueden comprender la verdad y que por lo tanto no hay que dar ningún tipo de explicación.
4. *La doctrina sobre la persona.* Esto quiere decir que antes de las inquietudes o necesidades del individuo o persona de dentro del grupo esta la doctrina que promulgan y que practican. Es decir, se anteponen las necesidades del fiel a la doctrina que practica incluso en el caso de que ambas fueran contradictorias.
5. *La ciencia sagrada.* Se considera que la doctrina y prácticas doctrinales del grupo son irrevocables. La doctrina es capaz de darle respuesta al Todo a modo de única verdad absoluta y por lo tanto jamás estará sujeta a revisión.
6. *El culto a la confesión.* Con esta práctica se busca eliminar cualquier tipo de vida privada. El individuo pierde su individualidad para entregarse definitivamente a los designios del grupo. Se busca a su vez que ningún pensamiento del fiel sea desconocido para el líder, haciéndole creer que lo correcto es contarlo todo.
7. *Demandas de pureza inalcanzables.* Se busca la infravaloración y la culpabilidad del fiel a través de una idealización de la pureza absolutamente inalcanzable. De esta manera se realizan una serie de castigos y se anima al autocastigo dinamitando así la voluntad y la autoestima del individuo.
8. *La dispensación de la existencia.* Se juega con el miedo de los fieles y se decide quién puede o no existir e incluso cuándo se debe morir. Acompaña también a esta idea el «sólo podrás salvarte si

sigues en el grupo, si no estarás condenado para siempre». Pero también hay otras pistas como el bombardeo de cariño, hipnosis, anulación de los valores morales anteriores, indagación de la infancia, compromisos financieros, cambio de dieta, mentiras a los ajenos al grupo.

El líder

La pieza clave de las sectas, especialmente de las destructivas, es el o los líderes. Ellos se autoproclaman «elegidos» para una determinada misión que incumbe a todo el planeta. De esta manera terminan por hacerse pasar e incluso creerse una especie de mesías o salvadores de las almas del mundo.

Así fuerzan que poco a poco surja un importante culto a sí mismo, de manera que la doctrina y la figura del líder se funden en uno mismo. Suelen ser personajes de carácter fuerte, con fácil palabra para convencer a los oyentes, desprendiendo una especie de magnetismo social que saben aprovechar. Poseen intuitivamente una gran capacidad de análisis social de manera que siempre dicen lo que los demás quieren oír. Se da por entendido que muchos de estos líderes pueden ser enfermos mentales que llegan a creerse los salvadores, pero la mayoría de ellos buscan alimentar su ego y sus ansias de control.

Consejos

Lo más importante es procurar evitar caer en ellas. Si todavía no ha sucedido esto, el método preventivo es lo mejor. Hay que recordar básicamente que cuando intentan captar a un nuevo individuo buscan complacerle en todo lo posible a través de respuestas sencillas, gestos y charla amena.

Básicamente hay que tener en cuenta que lo que buscan los «captadores» es apelar a nuestras emociones. No intentan convencer a través de la mente, sino a través de la emotividad, creando así numerosas sensaciones de paz, armonía, alegría, etc. Especialmente «atacan» en momentos en los que descubren que el individuo pueda tener algún problema, estar deprimido o angustiado, etc. Así automáticamente ofrecen una excesiva animosidad y cariño ofreciendo protección ante el sufrimiento. En ese momento, el individuo es más vulnerable y en poco tiempo puede terminar aceptando lo que le dicen.

Un importante método de captación son las reuniones o conferencias de tipo espiritual. En este sentido, y si en algún momento decidimos acudir a ellas, debemos tener siempre presentes varias preguntas: ¿qué ideología profesan? ¿Quién lo financia? ¿Qué quieren de mí? ¿Puedo abandonar la sala sin coacción en cualquier momento? ¿Me piden fondos económicos, y si es así, para qué?, etc.

Pero el mayor problema llega cuando uno ya está dentro. En este caso las familias y los amigos suelen preocuparse mucho por intentar determinar si los cambios de conducta de un individuo pueden tener que ver con que «haya caído» en una secta.

Una de las claves para descubrir si un familiar se encuentra en una secta suele ser el paulatino aislamiento que lleva con el tiempo a la ruptura total de las relaciones familiares. Pero también lo son la pérdida de interés por el trabajo, empobrecimiento de la capacidad de habla y comunicación, deterioro físico, inestabilidad emocional, ensimismamiento muy frecuente, etc.

XIV
DAÑOS OCASIONADOS POR LAS SECTAS

Pese a lo que el común de la sociedad cree, son muchos los daños ocasionados por ciertos nuevos movimientos religiosos y no sólo en el ámbito de las personas que adhieren o sus familiares más allegados.

A continuación consignaremos el listado elaborado por la Winspread Conference, reunida en la ciudad de Wisconsin, EE. UU., en septiembre de 1985, y que fue codificado en los ámbitos de Individuos y Familias, Gobierno, Ley, Negocios, Educación y Religión, encontrándose todos ellos documentados:

Individuos y familias

- Fragmentación de la familia:

  La familia, siendo la célula básica de toda sociedad, es la única que, en forma eficiente, puede dar respuesta al presente desafío. Es por ello que no pocos de estos movimientos ven en ella uno de los primeros factores a desestabilizar, ya que el grado de dependencia con uno de estos grupos va a ser inversamente proporcional a la fortaleza de los vínculos intrafamiliares.

En América Latina, donde los grupos evangélicos de tipo pentecostal registran características particulares, respecto a los mismos movimientos en el continente europeo, se observa con bastante frecuencia que cuando un integrante de una familia adhiere a estos movimientos, pronto empieza a acusar al resto de los integrantes de estar o pertenecer al diablo, por no abrazar la fe pentecostal, con las consecuentes rupturas familiares. Esto también se registra con grupos como los Testigos de Jehová y demás grupos paracristianos.

- Reducción a la esclavitud y explotación económica de sus miembros:

  En muchos de estos movimientos se exige a sus miembros un trabajo a destajo, hasta cumplir la cuota diaria de dinero a recaudar, estipulada por el líder. En razón de esto es frecuente ver a altas horas de la noche a jóvenes intentando vender los últimos paquetes de sahumerios que les quedan (v. gr.: Cuarto Camino, Fundación Nahual); libros, posters (v. gr.: Hare Krishna, Niños de Dios/La Familia), para así poder retornar a la colonia u hogar del grupo.

  En otros casos se les exige la entrega de todos los bienes, así como también el pago de importantes sumas de dinero para la realización de diversos cursos, los cuales, al no ser pagados, generalmente se les canjea por trabajo no remunerado en diversas sedes del movimiento (v. gr.: Iglesia de la Cienciología, Asociación Dianética, Asociación El Patriarca, y diversos movimientos para el desarrollo del potencial humano, entre otros).

- Alteraciones mentales o emocionales y desarrollo psicológico deteriorado:

  Las prácticas a la que son sometidos los adeptos en ciertos grupos pueden llegar a psicotizar a un individuo, especialmente si éste cuenta con una estructura psíquica de estas características.

Esto se registra especialmente en aquellos movimientos que incluyen en sus prácticas la inducción a estados alterados de conciencia como suele suceder en algunos grupos evangélicos de tipo pentecostal en sus presuntas prácticas de sanaciones sobrenaturales o de liberaciones demoníacas; en movimientos afrobrasileños, al momento de llevar a cabo las incorporaciones o posesiones de los *orixás*; o en el tan difundido control mental, al momento de llevar adelante los supuestos viajes astrales.

Sin llegar a dicho extremo, también se puede observar entre otros, síntomas tales como inmadurez psicológica, personalidad dependiente, delirios de omnipotencia, agarofobia, estados confusionales, estados de hipervigilancia, estados hipomaniacos, dificultades de concentración, tendencias a la automutilación, razonamiento de tipo paranoide, etc.

- Enfermedades físicas, heridas o muerte de los miembros causadas por malos tratos, negligencia grave, prohibición de tratamientos médicos:

Generalmente las enfermedades físicas provienen del deterioro general por la falta de una alimentación adecuada, o por la falta de atención médica, la cual puede llevar a la muerte, como es el caso de los Testigos de Jehová frente a la negativa de recibir transfusiones de sangre, así como también otros movimientos que desaconsejan la consulta a médicos y proponen que la cura sea sólo realizada por la fe.

También aquí deben contemplarse los casos extremos en que el líder de un movimiento ordena el suicidio a sus seguidores, como fuera el tristemente célebre caso de la secta Templo del Pueblo, que liderada por Jim Jones, culminó con el suicidio colectivo de más de novecientos seguidores en Guyana, en 1978. Posteriormente, en abril de 1993, una situación similar habría envuelto al movimiento de los davidianos, liderado por David Koresh, en la localidad de Waco, Estado de Tejas, EE. UU.; la Orden del Templo Solar, simultáneamente en Cheiry (Suiza) y en Montreal (Canadá), en octubre de 1994, que lideraba Luc Jouret; y Puerta del Cielo, en San Diego, EE. UU., entre otros.

- Abandono y abuso de los niños:

  Es frecuente el abandono de niños por parte de algunos de estos movimientos, especialmente cuando adolecen de alguna grave enfermedad. En general, los niños son entregados a familiares que no pertenecen al grupo para su cuidado.

  En lo que respecta al abuso de niños, uno de los movimientos que más acusaciones ha recibido al respecto es el de los Niños de Dios/La Familia que, pese a sus constantes desmentidas, existe una importante cantidad de documentación de uso interno del grupo que probaría la veracidad de las mismas.

GOBIERNO/LEY

- Infiltración en los departamentos de gobierno:

  También en partidos políticos, sociales y organismos de la Fuerzas Armadas y de Seguridad, con el fin de obtener información secreta o privada, para conseguir beneficios financieros o influenciar a las instituciones en las que se han infiltrado para servir a los fines del movimiento.

- Evasión fiscal:

  El caso más sonado al respecto fue el que envolvió a la Iglesia de la Unificación (Moon), el cual dejó como saldo el encarcelamiento de su fundador y líder, Sun Myung Moon (ya fallecido), por algunos meses.

- Adquisición fraudulenta y disposición ilegal de fondos públicos para la asistencia social y de la seguridad social:

  Ésta es una acusación que frecuentemente se enarbola contra movimientos de los clasificados como *psicoterapéuticos* o de *rehabilitación personal,* especialmente con aquellos que dicen abocarse a la cura de drogodependientes.

- Violación de las leyes de inmigración:

  Permanencia clandestina de miembros, una vez vencidos los plazos de residencia, como así también la práctica de actividades laborales, teniendo sólo visa turística y no la residencia.
- Abuso del sistema legal a través de litigios:

  Generalmente a través de falsos litigios o querellas infundadas a corporaciones autorizadas y reguladas por la ley; o juicios a investigadores que, obviamente no prosperan, para desalentar a otros especialistas a elaborar trabajos de estudio e investigación. La última de las mencionadas es una estrategia recomendada internamente en el movimiento Los Niños de Dios/La Familia, a través de la carta del líder titulada *Cómo tomarlo*.
- Consecución de objetivos políticos, mientras que actúan bajo una imagen de organización caritativa o religiosa y no política:

  El ejemplo generalmente citado es el de la Iglesia de la Unificación que, pese a presentarse como un movimiento religioso, desarrolla una amplia actividad política a través de diversos encuentros y congresos realizados por organismos que dependen del grupo.

Negocios

- Recaudación de fondos y venta de prácticas, ambas engañosas, y abuso del estatus de organización caritativa para conseguir dinero con fines lucrativos y otros propósitos no caritativos:

  Esto se encuentra íntimamente relacionado con la característica tipificada como proselitismo engañoso. Entre otros movimientos que incurren en él, podemos mencionar a los Niños de Dios/La Familia, que intentan vender sus posters, cassettes y vídeos aduciendo que juntan fondos para una escuela, un hogar de ancianos, un centro de rehabilitación de drogadictos o de atención de jóvenes suicidas, etc. También la Fundación Nahual, la

Fundación Enghelmajer, Asociación Dianética, LBV, y cientos de grupos insertos en la New Age o Nueva Era.

- Estrés organizacional e individual como resultado de la presión que se ejerce a los empleados que participan en la «enseñanza empresarial y los seminarios de desarrollo»:

  Ciertos movimientos ponen en práctica seminarios de crecimiento, en donde los participantes son sometidos a una gran presión psicológica para el logro de las metas estipuladas.

- Competencia desleal mediante el trabajo mal retribuido o los «salarios reciclados»:

  Esto se da fundamentalmente en aquellos movimientos que poseen empresas comerciales.

Educación

- Negativa o interferencia a la obligatoriedad legal de la educación de los niños:

  La mayoría de los movimientos que entre sus prácticas se encuentra la de vivir en comunidad, no cumplen con esta obligatoriedad (v. gr.: Hare Krishna, Niños de Dios/La Familia, Fundación Nahual, Casa de Judá, Las Doce Tribus, etc).

- Abuso de las facilidades dadas por las escuelas o las universidades, o falsificación de los propósitos del grupo, para ganar respetabilidad:

  Habitualmente se lleva a cabo por cesión de las instalaciones para la ejecución de encuentros o seminarios con algún tema que preocupe a la sociedad, o a través de la realización de convenios para fines en común.

  Uno de los movimientos que implementa esta modalidad es la Escuela de Yoga de Buenos Aires, con exposiciones sobre drogadicción o sida; también movimientos que utilizan como pantalla el yoga o el control mental, suelen solicitar para sus cursos dependencias de institutos educativos, o parroquias.

- Reclutamiento de estudiantes universitarios a través de la violación de su intimidad y/o problemas, a menudo seguido del desbaratamiento de sus planes de estudios o sus objetivos:

  Grupos como la Iglesia de la Unificación, Hare Krishna, Niños de Dios/La Familia, El Movimiento y El Camino Internacional es habitual verlos en las puertas o alrededores de universidades abordando a los estudiantes en sus tareas proselitistas.

Religión

- Intentos de ganar la ayuda de religiones ya establecidas, presentando una imagen engañosa de los objetivos, creencias y prácticas de las sectas o, mediante la infiltración en grupos religiosos ya establecidos, con el fin de reclutar miembros para el movimiento:

  Ésta es una práctica muy recomendada por el líder de los Niños de Dios/La Familia, a través de una carta titulada *Invadan las Iglesias*. De esta manera, y ocultando sus verdaderos objetivos, han tomado contacto con grupos evangélicos y católicos, recibiendo ayuda de estos.

  También es frecuente que el grupo El Camino Internacional ofrezca cursillos bíblicos en parroquias católicas, con el sólo fin de efectuar tareas proselitistas.
- Búsqueda de la realización de un frente común con religiones ya establecidas:

  Por lo general ello se logra mediante el emprendimiento de actividades conjuntas frente a algún flagelo que aqueje a la sociedad, como puede ser el de la drogodependencia, ganando así respetabilidad, y desalentando posibles sospechas, que redundarán en la facilitación del posterior proselitismo.

Al presente listado elaborado por la Windspread Conference, habría que agregar otros daños codificados por diversas organizaciones tales como los que a continuación se detallan:

- Abuso sexual y corrupción de menores.
- Obligación a la prostitución.
- Privación de la libertad y secuestros.
- Torturas.
- Automutilaciones.
- Tráfico y consumo de estupefacientes.
- Suicidios.
- Homicidios por encargo.
- Tráfico de armas de guerra.

El drama de las familias afectadas

El drama de un adolescente bajo la acción de una secta destructiva se presenta lentamente y observamos cómo se va minando su libertad y termina convirtiéndose en un esclavo moderno. Pero este drama, desgraciadamente, no abarca solamente al joven sino que involucra a toda su familia. Se pueden ver los rostros con lágrimas de padres, madres y hermanos que no saben qué hacer cuando un integrante de la familia ha sido captado por una secta. La mayoría se sienten culpable, tienen vergüenza, miedo y, por sobre todas las cosas, desesperanza por no saber cómo actuar.

Habitualmente los padres consultan a los seis meses o al año, pero nunca antes, pues en general no están informados sobre los síntomas que padece un joven bajo el dominio de un grupo destructivo. Veamos entonces el siguiente cuadro realizado por el Dr. Louis West de la American Family Foundation sobre el síndrome de la persona indoctrinada sectaria:

1) *Cambio repentino y drástico* en la jerarquía de valores de la víctima, incluyendo el abandono de sus metas personales o de estudios anteriores. Los cambios son súbitos y catastróficos, en oposición a los cambios graduales que podrían resultar de una maduración o educación.
2) *Reducción de la flexibilidad y adaptabilidad cognitiva.* La víctima contesta a las preguntas de forma mecánica, sustituyendo lo que podrían haber sido sus propias respuestas por otras estereotipadas, especialmente sectarias.
3) *Afecto embotado y estrecho.* Se suprimen los sentimientos espontáneos de amor y afecto de las relaciones interpersonales. La víctima puede aparecer inexpresiva emocionalmente, sin vida, o demasiado alegre y bulliciosa.
4) *Regresión.* La víctima se vuelve infantilmente dependiente respecto a los líderes de la secta y desea que estos tomen las decisiones.
5) *Los cambios físicos*, que a menudo incluyen perdida de peso con un deterioro considerable de la apariencia física de la víctima acompañado de una expresión facial extraña o de máscara, estando la mirada en blanco o evasiva.
6) En algunos casos pueden aparecer unos *cambios psicopatológicos,* incluyendo la disociación, meditaciones obsesivas, pensamientos alucinatorios, alucinaciones, así como varios síntomas y señales psiquiátricos más.

Los síntomas psicopatológicos derivados de la pertenencia a una secta destructiva son muchos y variados. Desde hace unos años la Asociación Psiquiátrica Americana en su *Manual de diagnóstico y estadística* ha reconocido la patología que sufre el adepto a una secta destructiva como desórdenes disociativos atípicos: «Una categoría residual a utilizar para aquellos sujetos que demuestran tener una perturbación disociativa, pero que no se ajustan a los criterios de una perturbación disociativa específica. Los ejemplos comprenden los estados parecidos al trance, desrealización no acompañada de despersonalización y aquellos estados disociados más prolongados que pueden darse en personas que han estado sujetas a periodos de prolongada e intensa persuasión coercitiva (lavado de cerebro, reforma del pensamiento y adoctrinamiento, mientras han estado en poder de terroristas o sectas)».

Consejos para padres

A principios de los años 70 cuando se comenzó a investigar sobre esta problemática, los padres consultaban habitualmente por algún grupo conocido (secta Moon, Niños de Dios o Hare Krishna). Lamentablemente en los últimos años ya no sólo vienen padres, sino maridos, esposas, amigos y últimamente también abuelos, preocupados por sus hijos ya adultos, pero especialmente por sus nietos. Y lo que es peor: las consultas ya no se hacen solamente por sectas conocidas sino que están referidas a nuevos grupos, algunos son muy pequeños (Las 8 Reinas, Hamir, Escuelas del Cuarto Camino y grupos vinculados a la New Age).

«Hubiera preferido que mi hijo se hiciera drogadicto, antes que meterse en esa secta de mierda; por lo menos hubiéramos sabido qué hacer, existen programas de rehabilitación, la justicia entiende del tema...», expresa angustiado un padre que tiene una hija de 27 años en una secta que sigue a Gurdjieff.

Marsha Addis, promotora del primer programa docente dirigido a familias de sectarios en la Universidad de Los Ángeles señala que los padres se sienten:

- *Desamparados* («No podemos hacer nada, este problema es demasiado grande para nosotros»).
- *Aislados* («Nadie puede entender con lo que nosotros debemos luchar, y si alguien lo supiera, nos lo reprocharía»).

– *Disgustados* («¿Cómo ha podido nuestro hijo hacernos esto? ¿Por que la sociedad ha permitido que esto ocurra?»).
– *Culpables* («Debemos haber hecho algo muy equivocado como padres para que nuestro hijo nos rechace de esta forma»).
– *Frustrados* («No podemos encontrar una solución rápida y fácil a este problema»).

Finalmente esos padres se sienten rechazados por su hijo y resentidos hacia él.

Siempre hay que estar dispuesto a ayudar a quien lo solicite. Muchas veces un simple consejo, un comentario, pueden ayudar. Cuando el problema es más complicado, pues hay reforma del pensamiento, se debe derivar a especialistas

Lo que hay que resaltar es que muchas veces recibir una información a tiempo es de vital importancia para que alguien no cruce las puertas al infierno.

El primer paso para quienes queremos ayudar en esto es hablar con la familia, saber cómo son, tener una idea de lo que sucede en el grupo familiar; leer cartas del miembro sectario ausente, si es que las hay.

Según informes de la American Family Foundation, entre el 25 y el 30 por ciento de los jóvenes que integran una secta han tenido problemas psicológicos, especialmente aquellos vinculados con la madurez. ¿Que decirle a los padres, que desde un inicio no saben cómo tratar al hijo sectario?

- Lo primero y fundamental es advertirle que no rompan el diálogo con su hijo. Hay una tendencia de los padres a entrar en conflicto inmediatamente y pelearse con sus hijos. Grave error, el hijo está enfermo, no hay que enfrentarlo, sino acercarse a él. No ayuda en nada recriminar al hijo, ni discutir con él. Tampoco es útil que los padres asuman la actitud de víctimas: «Así pagas todo el esfuerzo que hicimos por vos».
- Hay que enseñarle a los padres a mejorar e incrementar su co-

municación y confianza, ya que no se puede influenciar a otra persona si no existe la suficiente confianza y comunicación. Por eso lo primero es contarle como funciona el grupo sectario y que métodos emplea.

En ese diálogo con los hijos no es bueno asumir un tono inquisidor ni tampoco demasiado moralizante. Mucho menos tener compasión por el hijo. Tampoco conviene darle consejos inútiles. Que los padres le recuerden las cosas positivas del entorno anterior a su ingreso a la secta, pues ella tratara de recordarle todo lo negativo de la sociedad. Seguramente al joven le gustaba practicar algún deporte, escuchar alguna música en particular o simplemente ir al cine.

- Los padres no se deben ilusionar con que es fácil restablecer un diálogo con el hijo y que éste abandone la secta. Es prudente que los padres busquen ayuda profesional o que conozcan a otros padres que han pasado por ese mismo drama.
- Por último, es muy importante que los padres no cedan nunca a los pedidos de dinero del hijo o a las extorsiones del tipo «me voy a marchar para siempre de la casa». No nos olvidemos que todo lo que le entreguen al joven irá a parar a la secta. Incluso la vestimenta que le adquieran.

XV
SITUACIÓN DE LOS MENORES EN LAS SECTAS

Definición

El Artículo 1.º de la Convención sobre los Derechos del Niño, proclamada por la UNICEF (Fondo de las Naciones Unidas para la Infancia) del 20 de noviembre de 1959, dice que: «Se entiende por niño a todo ser humano menor de dieciocho años de edad, salvo que, en virtud de la ley que le sea aplicable, haya alcanzado antes la mayoría de edad».

Ahora bien, de acuerdo a los usos y costumbres de nuestra sociedad, amén de los aspectos legales respectivos, cambiaremos el término *niño* por *menor*, y la mayoría de edad debe ser tenida en cuenta a partir de los veintiún años de edad.

Ingreso a una secta

Los menores tienen tres vías posibles de ingreso a una secta.

- Sus padres son miembros y elles nacen dentro del grupo:

  Para ellos la doctrina grupal es «parte de su vida». La han mamado desde el inicio. Será muy difícil su recuperación, aunque no imposible.
- Ingresan allí junto con sus padres:

  En este caso se trata de niños y/o adolescentes.
- Adhieren al ser reclutados:

  Generalmente se trata de adolescentes. Sería difícil aunque no imposible, que el reclutamiento apuntara a niños. Igualmente podemos señalar que se ha conocido sobre la actividad de Los Niños de Dios/La Familia en jardines de infantes, buscando lograr la captación de los padres de los alumnos o, al menos, llevar a cabo un trabajo de permeabilización para con sus postulados, en los niños.

En los tres casos, el adoctrinamiento será paulatino pero efectivo. Unos, los primeros, «mamarán» la doctrina junto con el alimento de cada día. Los otros, serán sometidos a técnicas despersonalizadoras que poco a poco intentarán borrar todas sus ideas preconcebidas. Todos sus sentimientos de la «vida anterior» serán tildados de malos y pasarán, al igual que sus padres, por un proceso de *reforma del pensamiento y condicionamiento conductual* (denominación científica del mal llamado *lavado de cerebro).*

Situación jurídica

En la mayoría de las sectas no se llevan registros de nacimientos, ni de muertes. Esto da lugar a suponer posibles ventas de niños, para adopciones ilegales; para la tan mencionada trata de blancas; para la incitación a la prostitución, o bien para tráfico de órganos.

Muchas veces la inscripción de los niños en el Registro Civil se hace a nombre de otros miembros de la secta o del propio líder, para retener así a los verdaderos padres del menor. De abandonar el grupo, perderían todo contacto con su hijo, ya que legalmente no es suyo (v. gr.: Templo del Pueblo; Niños de Dios/La Familia).

Es lógico suponer que el primer cuestionamiento a lo recién expresado será que, mediante un simple análisis de sangre y posterior comparación de ADN se resolvería el problema. Sin embargo, la clave de este comportamiento está en lograr la sumisión del adepto a punto tal que, sin dudar, actúe de acuerdo a la voluntad del líder sectario.

Los niños integrantes de uno de estos movimientos, así como los adultos carecen de los más mínimos conocimientos sobre sus derechos civiles y/o religiosos, ya que deben someterse sumisamente al líder de turno (v. gr.: House of Judah). Una vez *moldeados* de acuerdo a las pautas dispuestas por el líder, los adeptos están listos para comenzar a difundir el mensaje o simplemente buscar nuevos reclutas.

SITUACIÓN FAMILIAR

Realmente no existe un verdadero concepto de familia. El rol paternalista lo ejerce el líder sectario, y el rol materno lo ejerce el propio grupo, que acoge a todos en su seno.

Los grupos sectarios no favorecen en general la unión familiar, con lo cual muchos niños son separados de sus padres en temprana edad. Se los considera un bien de la comunidad (v. gr: Hare Krishna). La devoción debe ser exclusivamente para el líder con lo cual queda excluida la relación padre-hijo en sentido tradicional. El líder toma todas las decisiones y los padres (y niños) deben acatar en todo momento. Ya no es papá el héroe, como en el caso de una familia tradicional. Aquí, sólo el líder sectario puede ser considerado como un héroe. Lo otro sería soberbia, o peor aun: insolencia o pecado.

Generalmente el cuidado de los niños se brinda a otros miembros de la secta o bien a la escuela (interna).

Educación

Se cambian las pautas culturales anteriores a la vida sectaria. La educación se basa principalmente en sus creencias religiosas. Se inculca una dependencia total hacia el líder y/o el grupo y, como consecuencia de ello, no tienen iniciativa propia. Al respecto, hay dos posibilidades de observación:

- *Si viven en comunidad.* Es muy difícil que asistan a escuelas públicas. Generalmente, son educados en un ámbito donde prima la obediencia irracional. Se pregona un total aislamiento del mundo exterior y, en algunos casos, hasta despreocupación por éste. Los Hare Krishna, por ejemplo, poseen la Gurukula, o escuela propia. Los Niños de Dios/La Familia, también educan a los niños en sus comunidades.
- *Si no viven en comunidad.* El adoctrinamiento se realiza en las reuniones diarias y/o semanales (por ejemplo, en los Salones del Reino de los Testigos de Jehová; en las sesiones de auditación que realizan en Dianética, o en las conferencias sobre El Principio Divino, de la secta Moon). Se utilizan básicamente sus *textos sagrados* y los escritos y discursos de sus profetas, ya que la mayoría de los movimientos edita sus propios materiales de lectura, como para no dejar nada al azar. Por ejemplo *Las Cartas de Mo,* en los Niños de Dios/La Familia; el *plan educativo* de Sai Baba, que ya se ha difundido por algunas escuelas de la Capital Federal y *La Educación en la E.C.B.,* de la Escuela Científica Basilio (espiritistas).

Volviendo al tema de la escolaridad, podemos señalar que normalmente las sectas no permiten que los niños asistan a la escuela, con lo que carecen de pautas sociales (en el sentido de «la sociedad externa al grupo») de comportamiento, así como de habilidad para comunicarse en situaciones cotidianas. No suelen saber nada del mundo que les rodea y los años que pasan en la secta lo describen como *un vacío emo-*

cional y educacional. Les cuesta mucho tomar decisiones y enfrentarse a problemas de la vida cotidiana.

Daños ocasionados

- *Supresión de las emociones.* Es parecida en la mayoría de las sectas ya que a los niños no se les permite vivir la infancia en sentido normal. No pueden manifestar sus emociones ni desarrollarse tal como lo harían los niños normales. En algunos casos podemos citar la temprana iniciación sexual.
- *Corrupción de menores.* Algunos de los movimientos que han sido denunciados por estas prácticas son Los Niños de Dios/La Familia; Por un Mundo Mejor (Las 8 Reinas); y Templo del Pueblo, entre otros.
- *Manipulación de la sexualidad.* Ya sea exacerbada o restringida: Niños de Dios/La Familia; Hare Krishna; Rajneesh; Escuela de Yoga de Buenos Aires
- *Aislamiento total.* Del mundo exterior: Niños de Dios/La Familia; Hare Krishna; Asociación Gnóstica de Estudios de Antropología y Ciencias).
- *Dependencia total.* De los líderes sectarios. No tienen iniciativa propia.
- *Reducción a la servidumbre/esclavitud.* Algunos de los movimientos que han sido denunciados por estas prácticas son: Por un Mundo Mejor (Las 8 Reinas); La Misión; Asociación Gnóstica de Estudios de Antropología y Ciencias.
- *Malos tratos físicos.* House of Judah; Templo del Pueblo; L.U.S. (Lineamiento Universal Superior); Niños de Dios/La Familia; Asociación Gnóstica de Estudios de Antropología y Ciencias; Hare Krishna.
- *Maltratos psíquicos/fobias.* Niños de Dios/La Familia; Asociación Gnóstica de Estudios de Antropología y Ciencias; Hare Krishna.

- *Explotación económica.* La Misión; Moon; Hare Krishna; Testigos de Jehová.
- *Incitación a cometer delitos.* Hare Krishna; La Misión; Moon.
- *Riesgos de la salud.* Testigos de Jehová; Ciencia Cristiana; grupos psicoterapéuticos, pseudocientíficos, y del desarrollo del potencial humano varios.
- *Riesgos por su vida.* Al pertenecer a grupos que hacen uso de armas de fuego, o por otros motivos varios Branch Davidians; Orden del Templo Solar; Templo del Pueblo; Movimiento para la Restauración de los Diez Mandamientos de Dios.
- *Efectos posteriores.* Varían según la edad, tiempo dentro de la secta, influencia de los padres, etc. Los niños que salen de diferentes sectas manifiestan problemas psicológicos y de comportamiento similares.

Éstas pueden ser tan sólo una parte de las consecuencias de pertenecer a una secta, y tal vez las mismas deberíamos potenciarlas en el caso de los menores, ya que no siempre tienen la oportunidad de poder defenderse o percibir el peligro.

Menores muertos en suicidios colectivos o matanzas masivas ocasionadas por sectas

- 1978, Templo del Pueblo, Guyana.
  913 muertos (276 niños).
- 1980, Sobrevivientes del Templo del Pueblo, Berkeley, California, EE. UU.
  3 muertos (1 niña, de 16 años de edad).
- 1985 Move, Filadelfia, EE. UU.
  11 Muertos (5 niños).
- 1985, Asamblea de la Fe, Indiana, EE. UU.
  90 muertos por «curaciones de fe» (9 niños).

- 1989, Iglesia Reorganizada de Jesucristo de los Santos de los Últimos Días (mormones disidentes), Kirtland, Ohio.
  5 muertos (3 niños).
- 1992, Identidad Cristiana Blanca, Idaho, EE. UU.
  3 muertos (1 niño de 14 años).
- 1993, Brandt Davidians (Rama Davidiana), Waco, Texas, EE. UU.
  80 muertos (27 niños).
- 1994, Orden del Templo Solar, Canadá/Suiza.
  53 muertos (1 bebé de 3 meses).
- 1995, Aum Shinri Kyo, Tokio, Japón.
  23 muertos (1 niño).
- 1995, Milicias, Oklahoma City.
  167 muertos (16 niños).
- 2000, Movimiento por la Restauración de los Diez Mandamientos de Dios, Kanungu, Uganda.
  1.007 muertos (201 niños).

Niños en sectas

En el juicio realizado por la Audiencia de Barcelona contra Vicente Lapiedra, líder de la secta CEIS, y donde la Fiscalía pidió 18 años de prisión por corrupción de menores, prostitución y proxenetismo, una abuela relató que al ser detenida la madre y al quedar a cargo de la nieta, de tan sólo seis años, esta antes de irse a dormir, abría las piernas y le pedía a su abuela que le acariciara el sexo. En la secta Los Niños de Dios se les enseña a los padres que «eduquen» sexualmente a sus hijos desde el primer año de vida. A partir de ese momento se les acariciara el órgano genital y al llegar a los cinco o seis años las madres le succionaran el pene. Pero sin irnos a tal extremo en la causa iniciada contra Juan Unger en el Juzgado de San Isidro vemos que una menor de diez años declaró que el líder de Las 8 Reinas le acaricia y manosea la parte vaginal. Esta declaración además es corroborada por la psicóloga que la atiende.

Como podernos observar son los niños quienes más sufren las consecuencias de las sectas destructivas. Y no sólo aquellas que incentivan el sexo, las que lo prohiben también son perjudiciales. Por ejemplo Prabhupada, el líder de los Hare Krishna expresa que: «Las relaciones íntimas de la familia —se refiere a padres e hijos— no son más que una enfermedad de la piel». Es que en definitiva en las sectas destructivas se destruye el concepto del núcleo familiar; se diluye el control de los padres biológicos y el líder de la secta pasa a convertirse en el nuevo padre, mientras que la secta cumple el rol materno.

Shirley Landa, especialista y educadora, cofundadora de la Citizens Freedom Foundation, expresa que los niños que salen de sectas distintas presentan problemas similares a su psicología y comportamiento. «Estas características —dice Landa— podrían compararse con los rasgos comunes que tenían los niños que habían estado en campos de concentración durante la Segunda Guerra Mundial (el síndrome de supervivencia de campo). En 1949, Friedman realizó un estudio sobre 84 de estos niños. Las torturas, las injurias, el hambre, etc., dejaron sus efectos en el comportamiento emocional del niño. Minkowski, psiquiatra francés, se refirió a este comportamiento dándole el nombre de «anestesia afectiva». Ésta era una descripción exacta del tipo de comportamiento que presentaban estos niños en relación con los demás, eran emocionalmente superficiales e insensibles. Este modelo de comportamiento se atribuyo a la supresión del miedo y de las ansiedades. Las reacciones defensivas de estos niños con la libertad o el alivio y les eran extremadamente perjudiciales cuando intentaban reanudar sus vidas normalmente. La supresión de las emociones es similar en muchas sectas en el sentido de que los niños no pueden vivir su niñez de una manera normal.

Ya hemos señalado que en las sectas destructivas tanto los adultos como los niños pierden su identidad individual para pasar a asumir la del grupo. Desde ese momento el líder de una secta decide, por ejemplo, que un niño debe ser castigado, los padres no sólo permanecen a su lado sino que también, a menudo, participan en las torturas y palizas que serán fatales a sus hijos, la mayoría de las veces.

La libertad de religión es algo que no se cuestiona en un país libre. Sin embargo, esa libertad no puede permitir que el devoto y el grupo priven a sus niños del derecho a crecer y desarrollarse como niños normales (bajo el control, la formación, el apoyo y la protección de sus propios padres). Los niños deben gozar del derecho a recibir cuidados médicos apropiados y una educación decente, como así también recibir todas las vacunas necesarias.

Quisiera destacar que en nuestro país los primeros que interpretaron la gravedad de los menores en sectas fueron algunos asesores de menores. Por ejemplo, fue muy importante el rol que jugó el asesor de Menores de la Cámara, Dr. Alejandro Molina, para que una menor que vivía con su madre dentro de la secta Las 8 Reinas fuera restituida al hogar paterno. En su informe señaló que: «La menor ha optado por aceptar "una ley" por la que se mantiene inmóvil e incapaz de dejar que afloren deseos o sentimientos y por la que posiblemente "pueda dar su vida" como afirman los psicólogos a partir de experiencias en la materia... lo que le pasa a la menor es algo que no podemos determinar exactamente, si es víctima de una sugestión hipnótica o si se encuentra sometida a un vinculo de "locura enloquecedora" o cuestión similar que la psiquiatría y la psicología describen, quizás lo sabremos cuando tome un mínimo de conciencia de la realidad y pueda expresar algún sentimiento, todo eso que por ahora es imposible y que justifica que se tomen medidas para su protección...»*.

---

* Texto extraído del libro *Sectas. Cuando el Paraíso es un Infierno,* de Alfredo Silletta. Editorial Beas, Buenos Aires, 1992.

Ya hemos observado que cuando alguien ha sufrido un proceso de modificación del pensamiento sólo puede recuperar sus capacidades psíquicas sometiéndose a un adecuado tratamiento clínico. Si el joven es menor de edad y los padres no integran la secta con una simple orden judicial se le puede prohibir asistir al culto y obligarlo a un tratamiento. Cuando el joven es mayor de 21 años no se lo puede obligar a abandonar el grupo y es allí cuando muchos padres que han leído algo sobre el tema de las sectas me plantean una posible desprogramación.

En primer lugar la ley protege la libertad ideológica y religiosa. Además el tema de la desprogramación es un tema urticante, especialmente en la Argentina, ya que significa utilizar métodos similares a los de la secta y sobre todo, asumir el secuestro liso y llano de una persona.

Este método, que ya casi no se utiliza en la actualidad, consistía en que una persona con sólidos conocimientos psiquiátricos, conocedor de las religiones y especialmente de las sectas destructivas, junto a su familia secuestrará al joven y lo encerrará en un departamento. Allí el desprogramador empezará a discutir con el adepto durante dos o tres días hasta quebrarlo emocionalmente. A partir de esa apertura emocional el joven comenzaba a comprender el infierno que vivió y con una terapia adecuada el joven recuperaba los elementos de su propia personalidad. El utilizar estas técnicas daba argumentos a las sectas para que presentaran demandas ante la Justicia por secuestro y torturas, hechos que no sucedían en una desprogramación. En general los jueces no condenaban a esos padres y fallaban contra la secta. Pero ya hemos explicado que lo importante es no darle ningún tipo de argumentos a los grupos sectarios.

XVI
CÓMO AYUDAR A PERSONAS INVOLUCRADAS EN UNA SECTA

Una de las preguntas que con más frecuencia se escuchan por parte de profesionales en su experiencia con afectados es: «¿Se puede abandonar uno de estos movimientos?».

Si bien la respuesta a esta pregunta es afirmativa, debemos tener en cuenta que la salida de un movimiento de características sectarias, en algunos casos, es sumamente difícil.

Una de las dificultades responde a ese cierre de círculo y el consecuente efecto de autoalimentación constante que se busca en todo proceso de RP/PC que hacíamos mención en módulos anteriores.

Otra razón que dificulta la salida obedece a que dichos procesos van instaurando en el adepto una serie de fobias, que desalientan sistemáticamente cualquier tipo de abandono. Por ello es tan frecuente escuchar a las personas que han logrado una salida satisfactoria, referirse al largo tiempo que les lleva efectivizar el abandono, desde que por primera vez surgió una idea de ese tipo.

Dichas fobias son instauradas por medio de amenazas manifestadas más o menos veladamente. Son frecuentes las historias, durante los procesos de RP/PC donde el influenciador u otra persona designada por el mismo, relatan casos de personas que abandonaron el grupo y recayó en ellos la «ira de Dios», razón por la cual sufrieron un accidente y perdieron la vida. También se les repite constantemente que en el exterior está la perdición, que todo el mundo está esperando atraparlos, reafirmando la dependencia y la estructura paranoica, referida a las características de los movimientos sectarios.

Existen incluso movimientos, como es el caso de los Niños de Dios/La Familia, que generan publicaciones de uso interno específica al respecto, como son los folletines titulados *Testimonios Traumáticos* de la *Revista Juvenil*. En ellos se leen los relatos de miembros durante su vida presectaria y sus experiencias repetitivamente negativas, frente a las estructuras sociales y, por sobre todo, educativas ajenas al movimiento. Y si bien una lectura atenta de los mismos delata un infantilismo y un simplismo asombroso en los argumentos, dentro de la particular estructura mental que se genera *ad intra*, son estos, sin un discernimiento más o menos crítico, fácilmente aceptados por los lectores a quienes van dirigidos.

En otros movimientos se desalienta el abandono destinando al nuevo adepto, a poco de ingresar, a otra ciudad o país, muchas veces sin su familia. Esto le generará serias dificultades para salir del grupo en cuestión, ya que desconociendo el idioma, así como también a los habitantes, no tiene a quién recurrir. Y si el que desea salir ha ingresado con toda su familia al grupo, muchas veces su cónyuge o hijos no quieren acompañarlo, por lo que al abandono del grupo debe sumarse al de sus seres más queridos.

Por éstas, entre otras razones, es que en relación al fenómeno sectario se hace hincapié en una información orientada hacia la prevención. Una vez que el sujeto se encuentra dentro de una secta, es poco lo que puede hacerse. Ese poco es importantísimo, pero nunca hay garantías ya que no se compite sólo con las ideas de una persona más o menos díscola, sino que se compite con las ideas de toda una estructura, donde esa persona pasa aproximadamente las veinticuatro horas del día.

Primeros síntomas de una captación

Generalmente en los casos de adhesión a movimientos de características sectarias encontramos un serie de disfunciones a nivel familiar. Disfunciones éstas que, frecuentemente, son muy bien percibidas por los docentes y, en especial, por los trabajadores sociales que trabajan en las escuelas.

En razón de ello creemos oportuno que los docentes, trabajadores sociales y formadores en general, se familiaricen con una serie de síntomas que empiezan a registrarse cuando se inicia una captación.

Lamentablemente dichos síntomas son a veces negados o subvalorados por familiares y amigos más cercanos del afectado, perdiéndose en consecuencia una oportunidad importante de atender la problemática desde su más incipiente inicio, lo cual justifica aun más el conocimiento de las mismas por parte de los formadores.

Si bien algunos de los síntomas van a depender del tipo de movimiento que esté llevando a cabo la captación, se registran algunos comportamientos comunes y generales a la mayoría de los movimientos. Entre otros, dichos síntomas, son los siguientes:

- Comportamiento esquivo:

  El afectado se vuelve huraño, se aísla en la habitación compartiendo sólo breves e imprescindibles momentos con la familia. Similar retraimiento se registra en el ámbito escolar, pasando los recreos solitaria y pensativamente.
- Cambios en la afectividad:

  Comienza a registrarse un distanciamiento afectivo, generalmente explicitado con el argumente de que posee una óptica distinta de la vida, la familia y el mundo en general. Este distanciamiento se efectuará con sus pares, así como también con sus docentes.
- Cambio en la comunicación:

  Si bien por lo general la comunicación se encuentra profundamente afectada, con anterioridad a la captación, las pocas veces que se intercambian palabras, se observan alteraciones tanto en el vocabulario como en los patrones sintácticos. Es habitual que en una conversación comience a intercalar palabras con una connotación significativa distinta a la habitual, o neologismos utilizados por el movimiento con el que se encuentra en contacto.

- Cambio en las amistades:

  Las amistades mantenidas a lo largo de años se quiebran repentinamente y sin justificación aparente. En muchas ocasiones se verá asimismo que el quiebro de dichas amistades será justificado con argumentos marcadamente despectivos o subvalorativos.

- Bajo rendimiento escolar o cambio en los planes de estudio:

  En mayor o menor medida surgen cuestionamientos respecto a los modelos de educación en general, acompañados de un marcado descenso del rendimiento escolar. También el bajo rendimiento puede obedecer a la falta de tiempo, por lo que le demandan las reuniones o encuentros del movimiento; o porque sólo despierta interés en él los tópicos a los que se aboca el grupo en cuestión.

- Cambios en el manejo del dinero:

  Repentinamente comienzan a realizar grandes gastos, o en su defecto, se registra una compulsión exagerada al ahorro.

- Matrimonios y separaciones repentinas:

  Por lo general, al poco tiempo de una vinculación sectaria, se trastoca el estado civil del afectado. En el caso de los jóvenes que aún no hayan contraído matrimonio, se reflejará en la ruptura abrupta de noviazgos, o en cambios en cuanto a los requisitos ideales que debería reunir una persona para establecer una relación afectiva.

- Cambios en las posturas religiosas:

  El cambio en las posturas religiosas, juntamente con las ideas políticas y filosóficas, es la actitud que más rápidamente llama la atención a quienes lo rodean, por el giro radical que asumen las mismas. Este síntoma quizás sea el primero y el que con más facilidad perciba el trabajador social o el catequista, y el que más posibilidades de actuar le dará. Esto, fundamentalmente, en razón de que al querer dar cuenta el afectado de las nuevas concepciones asumidas, es posible lograr un canal de diálogo muy rico que brindará al formador elementos con los cuales intentar establecer una actitud de profundo y sereno discernimiento.

- Diversos trastornos psicológicos:

  Estos son también algunos de los primeros elementos observados por los más allegados, familiares o amigos, y secundariamente por los docentes, trabajadores sociales o formadores. Si bien los mismos van a depender de la conjunción de una serie de variables, los más frecuentes son: insomnio pre o postdormicional, estados de excitación más o menos prolongados, dificultades para afrontar tareas habituales, estados de hipervigilancia, dificultades para lograr una efectiva atención o seguir el hilo de una conversación, etc.

La repercusión de la sintomatología en el ámbito familiar

La percepción de los cambios que se van generando en la persona captada por un movimiento de características sectarias provoca una serie de reacciones tanto en los padres como en los familiares y más allegados.

Estas reacciones se ven aun más agravadas por el hecho de que en general no existe un conocimiento medio del presente fenómeno en general, como así tampoco de las técnicas utilizadas en una captación y los efectos que éstas producen.

Si a todo ello sumamos el hecho anteriormente mencionado referente a la disfunción familiar donde uno de los elementos más deteriorados es la comunicación, podremos inferir que la situación se encuentra signada por un estado de confusión general.

A continuación consignaremos brevemente de qué manera repercuten en una familia dichos cambios a fin de que se pueda contar con elementos orientadores:

- Culpabilidad:

  Lo primero que se registra es un fuerte sentimiento de culpa. Constantemente tratan de encontrar en dónde se han equivocado o qué han hecho mal.
- Vergüenza:

  Generalmente este sentimiento proviene de no haber prevenido el problema a tiempo o de ser juzgados negativamente por familiares o amigos. No pocas veces, en razón de este sentimiento es que se tiende a negar la realidad y a buscar las explicaciones más disímiles antes que pensar en una posible adhesión sectaria.
- Miedo:

  Lo abrupto de los cambios registrados en el afectado suele sumir a los que lo rodean en un angustiante temor ante lo desconocido e incompresible. Este sentimiento es inversamente proporcional al manejo que del fenómeno sectario en general posean.
- Acusaciones:

  Tarde o temprano empiezan a surgir acusaciones entre los progenitores o contra algún familiar, de haber influenciado negativamente al afectado. Este tipo de actitud no pocas veces es lo que impide un tratamiento efectivo en ayuda del afectado ya que uno de los progenitores, al acusar a su cónyuge, se desentiende del problema, y el otro, por no querer siquiera concederse la posibilidad de discernir, apaña la actitud del afectado con la esperanza de que sus actitudes pasarán con el tiempo.
- Desesperanza y amargura:

  Estos sentimientos surgen a raíz de la impotencia registrada para llevar a cabo un acercamiento medianamente eficaz con el afectado.

- Soledad:

  Los sentimientos de vergüenza consignados anteriormente, provocan en los allegados un retraimiento, registrando una marcada soledad. Temen hablar con otros familiares o amigos y ser juzgados severamente, por lo que dejan pasar el tiempo, con la esperanza de que las actitudes sean transitorias.

- Impotencia:

  El enfrentarse con una personalidad radicalmente distinta, además de desconcierto, provoca un fuerte sentimiento de impotencia. Esta impotencia se acrecienta aún más si se han intentado acercamientos sin ningún resultado medianamente positivo, lo cual es esperable si, como en la mayoría de los casos, estos acercamientos se efectúan sin ninguna señal de cambio por parte de quienes lo intentan.

- Rabia e impulsividad:

  A raíz de la conjunción de estos y otros sentimientos suelen surgir actitudes de rabia e impulsividad. A veces, llegado a esta instancia, se efectúan castigos y amenazas, y lamentablemente en la mayoría de los casos de manera desesperada y sin una objetiva evaluación en un intento de volver a la normalidad al afectado. Ello por lo general provoca un efecto contrario al esperado ya que existe la posibilidad de que se acrecienten de esta forma resentimientos larvados.

- Abandono o claudicación:

  Lo estresante de la situación hace que, paulatinamente, se vayan minando las fuerzas para superar los diversos conflictos que se van presentando. En razón de ello no son pocas, lamentablemente, las familias que abandonan la lucha o claudican frente a las muchas veces injustas pretensiones de la secta en boca del afectado, dando así por perdidos, a sus propios hijos.

La desprogramación, ¿es una respuesta?

Frente a estas dificultades y la comprensible angustia que una situación como la presente puede generar en una familia es probable que se recurra a la búsqueda de soluciones drásticas. Si bien se registra un amplio abanico de posibles soluciones, existe empero una que se la suele escuchar y mencionar con bastante ligereza: la *desprogramación.*

De esta manera se denomina a una técnica utilizada en las llamadas *Operaciones de Rescate,* que pretende volver a la normalidad al sujeto que ha sido sometido a un proceso de RP/PC, dentro de una secta, logrando que éste reasuma los antiguos valores que ha abandonado luego de su ingreso a un movimiento.

Las Operaciones de Rescate, habituales en la décadas de los 70 y 80 en Estados Unidos de Norteamérica y algunos países de Europa, son llevadas a cabo generalmente por los mismos padres o familiares del afectado. Estos suelen *raptar* a la persona que tiene una vinculación sectaria, mientras se encuentra haciendo tareas de recaudación de dinero o proselitismo en las calles. Luego de ello es encerrada en una habitación y se contrata a una o más personas, que son las que llevarán a cabo la *desprogramación.*

Habitualmente los desprogramadores son exmiembros o personas que están al corriente de las técnicas de manipulación mental y persuasión coercitiva que se llevan a cabo en los procesos de RP/PC dentro de las sectas.

Una vez en contacto con el adepto y luego de hacerle recuperar las fuerzas a través de un adecuado descanso y una correcta alimentación rica en proteínas y vitaminas, se lo obliga a *ver* información crítica sobre el grupo al que ha adherido, tratando de *quebrar* el círculo cerrado y el efecto de autoalimentación constante, para que pueda establecer un vínculo con la realidad y su personalidad anterior.

En nuestro país se habló con ligereza durante un tiempo con respecto a la desprogramación. Incluso, hace unos años una nota periodística mencionó que «... una nueva profesión surgía en la Argentina». En la actualidad se proyectan algunas películas al respecto y se ofrecen vídeos de las mismas en algunas librerías católicas, pero lo que nunca se dijo son los riesgos que implican dichas técnicas.

Si bien las dos terceras partes de las desprogramaciones suelen tener un resultado satisfactorio, y en algunos casos pareciera a primera vista no haber otra salida, no son en absoluto recomendables.

Lamentablemente no se mencionan los casos de desprogramaciones que culminaron con el suicidio o automutilación del afectado. Es tal el bombardeo a que se somete a los integrantes de algunos movimientos en relación a la desprogramación, que la misma los pone, en algunos casos, al borde de la locura absoluta.

Los desprogramadores son puestos, en la propaganda de algunas sectas, como verdaderos monstruos que torturarán y violarán al adepto que caiga en sus manos. Y si a ello se suma la convicción de que si son arrancados del movimiento, corren serio peligro de condenarse eternamente, comprenderemos cómo un joven en tal situación prefiere perder la vida terrena para salvar la eterna.

Esto ha provocado que algunos jóvenes hayan intentado suicidarse frente a sus mismos padres o desprogramadores; que para escapar no duden en arrojarse por una ventana desde un segundo piso; o que para no escuchar o ver a los desprogramadores se mutilen los oídos o arranquen los ojos.

En todo hay también algo que no se suele tener en cuenta, consistente en que en toda desprogramación se encuentra generalmente implícito un secuestro, una privación de la libertad y la utilización de técnicas, que por ser coercitivas también, están fuera de toda ética. Debemos además sumar lo traumático de la situación tanto para el afectado así como también para sus familiares.

El objetivo, sin lugar a dudas, puede presentarse como loable, pero bien sabemos que el fin no justifica los medios, lo cual es una diferencia importante con la actitud de muchísimos movimientos que así no lo entienden y para los que todo está justificado.

¿QUÉ OTRAS ALTERNATIVAS EXISTEN?

Frente a esto, muchos se preguntarán qué hacer entonces, o cuáles son las alternativas, si es que éstas existen. Afortunadamente, para padres y familiares de afectados por el fenómeno existen otras alternativas que no implican ni los riesgos ni las consideraciones de carácter ético que implicarían una desprogramación.

En algunos países existe lo que se ha dado en llamar *Consultas de abandono,* que llevan a cabo los que se definen como *consejeros en salida.* Estos consejeros en salida son también, generalmente, exmiembros o personas relacionadas con la salud mental que se han especializado en el abordaje psicológico y psicoterapéutico del fenómeno sectario.

No tomando en cuenta la actitud de algunos desprogramadores que, frente a las críticas respecto a la desprogramación, sólo han cambiado su título, pero no las técnicas, podemos decir que la diferencia fundamental entre las consultas de abandono y una desprogramación radica en que la primera se lleva a cabo con el acuerdo de la persona afectada, no conculcándose sus derechos y no utilizándose técnicas coercitivas y manipulatorias.

El modo de llegar a estas consultas es, generalmente, a través de los mismos padres o familiares del afectado y, en segundo lugar, a través de amigos o docentes del mismo. Estos, luego de un acercamiento por medio de una profundización del diálogo, le ofrecen al afectado pasar algunos días fuera del movimiento al cual adhirió, a fines de que pueda pensar y reevaluar su adhesión, consultar material crítico referente al grupo y familiarizarse con las técnicas psicológicas implementadas en los procesos de RP/PC, así como también en los efectos que éstas producen.

También se suman a estas consultas entrevistas con exintegrantes del movimiento en cuestión, familiares de estos, y *charlas de esclarecimiento,* donde se confrontan de manera no coercitiva los argumentos esgrimidos por el grupo.

El abordaje que se lleva a cabo con el afectado en las consultas pretende otorgarle la posibilidad de reevaluar libremente su inserción en el grupo en cuestión, luego de contar con la mayor información posible y desde perspectivas distintas de las que le son propuestas dentro del movimiento.

Cabe destacar que para llegar a este punto es imprescindible que el trabajo sea en equipo y muy bien coordinado a fin de que no existan mensajes contradictorios. Generalmente, el consejero de salida deberá llevar a cabo varias reuniones con los padres y familiares del afectado, no sólo para recabar información, sino también para asesorarlos en diversas técnicas de comunicación ya que ésta, con frecuencia, se encuentra profundamente dañada.

Los resultados obtenidos por medio de estas técnicas son sumamente alentadores, razón más que suficiente para no recurrir a medidas como la desprogramación, y a diferencia de lo que comúnmente se piensa, un promedio de tres días en contacto intenso con el afectado suele bastar para que efectivice el abandono del movimiento.

¿CÓMO AYUDAR A UN AFECTADO?

Si bien la respuesta a esta pregunta va a depender en gran medida de la conjunción de una serie de variables, tales como las características propias del movimiento, la personalidad del joven y la modalidad de la interacción familiar, pueden darse, sin embargo, algunos lineamientos generales que orientarán tanto a padres, amigos, como a trabajadores sociales y formadores en general.

Uno de los elementos a tener en cuenta y que generalmente se descuida, por la confusión que genera la observación de ciertos cambios en la conducta de la persona que está siendo captada es que la decisión adoptada por ella no es simplemente un acto, sino que obedece a todo un proceso.

Este proceso se inicia mediante un proselitismo que, ocultando muchas veces sus verdaderos fines, ha utilizado algún factor de la persona para su captación. En razón de ello, la desvinculación no se dará tampoco en forma de acto, sino a través de un proceso.

A su vez, los cambios registrados en él suelen provocar en los padres una serie de sentimientos alienantes, de los cuales ya se han citado algunos, muchas veces ligados a problemáticas propias, aún no resueltas satisfactoriamente.

Todo ello dificulta la interacción, no sólo con el afectado por el fenómeno sectario, sino con todos los integrantes del grupo familiar, ahondando aún más las diferencias y la separación consecuente, por las constantes discusiones.

Además hay que tener presente que la mayoría de estos movimientos, lo primero que procuran en la captación, es socavar las relaciones que el joven tenga, no sólo a nivel familiar, sino con todas aquellas personas ajenas al grupo que, de alguna manera, tengan cierta ascendencia sobre él.

En estos casos no es difícil que los padres o familiares recurran a un tercero que les inspire confianza, para hacerlo partícipe de su problema, y unos de los más consultados, además de sacerdotes y religiosas, son los catequistas o agentes de pastoral que se encuentran en contacto con el afectado y el resto del grupo familiar y cuya función frente a este fenómeno es resaltada por la Congregación para la Evangelización de los Pueblos cuando expresa que: «El catequista ha de empeñarse en realizar una obra silenciosa, perseverante y positiva con las personas, para iluminarlas, protegerlas y, eventualmente, liberarlas de la influencia de las sectas»[1].

Por otra parte, el trabajador social, teniendo en cuenta lo expresado en el párrafo anterior, puede desarrollar una importante labor en situaciones de este tipo, especialmente si el canal de diálogo con la familia ha sido quebrado, oficiando de nexo con el afectado y ayudándolo a discernir sobre sus actitudes, deseos y proyectos.

Asimismo será importante que se recabe información sobre el gru-

---

1 Congregación para la Evangelización de los Pueblos, *Guía para los catequistas*, n. 16.

po en cuestión y cuáles fueron los elementos que sedujeron al joven, para saber qué características posee y poder obrar en consecuencia.

Tal vez la más importante de todas las recomendaciones es la de incrementar el nivel de comunicación y diálogo, que son los dos grandes desconocidos del siglo XX y seguramente también lo serán del actual siglo XXI. Esa comunicación y diálogo deben ser incrementados no sólo en frecuencia sino, por sobre todo, en profundidad e intimidad.

Es aconsejable al principio, para los casos en que se han sostenido fuertes discusiones, no iniciar los diálogos en forma personal o telefónica ya que en estas situaciones es más difícil medir el alcance de las palabras a utilizar y sopesar las consecuencias que un término o una inflexión errónea, podrían acarrear sobre ánimos en extremo susceptibles. El método sugerido como más apropiado es el de las cartas, y ello fundamentalmente por dos razones: la primera de ellas es que, además de contar con la tranquilidad y tiempo necesarios para buscar las palabras más adecuadas, se posibilita más fácilmente un nivel de intimidad que el que podría alcanzarse en forma personal. La segunda es que, al ser contestadas estas cartas por el joven, se podrá contar con un material riquísimo donde en forma clara se percibirán las diferentes situaciones anímicas por las que va atravesando dentro del grupo, sus posibles preocupaciones y el índice de adoctrinamiento al cual está siendo sometido.

Es importante tener presente en estos acercamientos iniciales la no conveniencia, al menos en un principio, de hablar negativa e indiscriminadamente del movimiento, ya que las presiones del grupo apuntan a restar credibilidad a lo que pueda provenir del ámbito exterior, especialmente en lo que atañe a familiares y formadores en general.

El mantener abiertos los canales de diálogo es el factor imprescindible para el logro de una resolución satisfactoria. Por eso no es recomendable discutir abiertamente y desde un inicio sobre el movimiento con el que se encuentra involucrado. Ello obedece al hecho de que generalmente le es difícil discriminar al joven que las posibles críticas al movimiento no son juicios efectuados hacia su persona. En caso de ocurrir esto, por *defender = defenderse* de lo que siente como un ataque, sólo se logrará que se reafirme aún más en sus convicciones, con el riesgo de cortar toda posibilidad de acercamiento posterior.

Recordemos que en los casos de aquellos movimientos que utilizan técnicas psicológicas de persuasión coercitiva RP/PC las mismas buscan anular las capacidades de pensamiento lógico y análisis crítico. En razón de ello, todos los esfuerzos tienen que estar orientados a restablecer estas capacidades obnubiladas, a fin de que la persona pueda llevar a cabo un sereno discernimiento y, posteriormente, *tomar una decisión plenamente libre y responsable.*

En el acercamiento con un afectado pueden resultar convenientes las siguientes recomendaciones:

- No calificar al movimiento con el que se encuentra relacionado como una secta, sino como *movimiento* o *agrupación.*
- No subvalorar al afectado o considerarlo como un tonto por haber sido captado (recordemos que las adhesiones suelen ser emocionales y no racionales).
- Mantenerse interesado en sus actividades.
- Reafirmar la aprobación sobre las motivaciones y sus buenas intenciones de los integrantes del movimiento, pero no aprobando a la agrupación como tal.
- No dudar de las buenas intenciones de los integrantes, pero dudar sistemáticamente de las metodologías. No porque éstas sean necesariamente malas, sino preguntándose si no habrá otras mejores.
- Expresar dudas con respecto a los postulados del movimiento en forma de preguntas, ayudándolo a discernir y de manera tal que el afectado no sienta que se lo involucra como persona.
- Recordarle periodos de su vida anterior a la inserción con el grupo que hayan sido vivenciados como agradables.
- Recontactarlo con antiguas amistades.
- Incentivarlo a que contemple un futuro donde se cumplan de

manera positiva, los proyectos pensados anteriormente a su inserción al grupo.

- Ofrecerle la posibilidad de ponerse en contacto con especialistas en la temática de los nuevos movimientos religiosos, a fin de que pueda recabar tanto información general sobre los mismos, sobre el movimiento al que ha adherido, así como también sobre las técnicas de proselitismo, adoctrinamiento y los efectos que algunas de estas producen.

De esta manera se tratará de que el joven logre ser consciente de que está siendo manipulado por toda una organización y que pese a lo que haya podido hacer, no ha perdido el amor incondicional de sus padres, amigos y docentes, pudiendo así retornar a su hogar cuando lo desee, pues estos lo recibirán sin obstáculos y con alegría; en fin, que tiene un lugar de verdadera pertenencia y que contará con su ayuda, cualquiera sea la dificultad a enfrentar.

Al respecto es de destacar que una de las razones escuchadas con más frecuencia en exmiembros, en cuanto a trabas para abandonar el movimiento, era el temor a ser rechazados por sus propios padres o familiares, no teniendo un lugar de contención afectiva.

Es lamentable decirlo, pero también necesario, por obedecer a una realidad, pero se da el hecho de que muchos padres prefieren autoconvencerse de que ya no es posible hacer nada y que han perdido un hijo.

Por esta razón es recomendable para los padres o familiares que atraviesan por esta problemática y estos sentimientos, la participación en *grupos de reflexión.* Grupos donde conjuntamente con otros familiares de afectados y guiados por un profesional experimentado en el presente fenómeno, puedan compartir experiencias, aprender diversas técnicas de comunicación para lograr un diálogo efectivo, y reflexionar sobre distintos aspectos de la vida familiar que, de alguna manera, pueda hacer más comprensible la situación y, por lo tanto, manejable en dirección a una solución satisfactoria.

XVII
TESTIMONIOS:
UNA EXSECTARIA Y UN EXPERTO

Entrevista a una exsectaria

Esta entrevista fue lograda gracias a la colaboración de la encuestada, ya que por momentos fue muy difícil al instalarse una situación angustiante y tensa, por remover el pasado y las vivencias de la entrevistada sobre todo cuando se trata de la adolescencia.

Pregunta.- ¿En qué año entraste o tuviste contacto con las sectas?
Respuesta.- Fue en el año 1976, tenía 15 años.

P.- ¿A qué secta pertenecían las personas que conociste?
R.- Eran de la secta Niños de Dios, a las cuales conocía por intermedio de dos amigas cuyo hermano vivía en Ohio, dentro de la «central» de los Niños de Dios.

P.- Estas amigas tuyas, ¿también pertenecían a la secta?
R.- Así es.

P.- Estas amigas tuyas, ¿a qué núcleo pertenecían de amistades? ¿Al colegio, vecinas, etc.?
R.- Yo vivía en Mar del Plata. Ellas estaban veraneando. Su padre era capitán de Navío de la Marina. Chicas de muy buena familia. De muy alto nivel social. Yo las conocí porque eran amigas de una compañera mía del colegio y nos conocimos en la casa de mi compañera.

P.- ¿Ellas pertenecían a la secta?
R.- Todavía no. Estaban en el periodo de «captación». Luego y al tiempo de todo esto, me enteré de que ingresaron e inclusive una de ellas murió dentro de la «familia» por sobredosis de drogas.

P.- ¿Eran adictas también?
R.- Después se hicieron. Cuando yo las conocí una tenía 11 años y la otra 15 y no tomaban drogas. Parecían muy sanas. La de 11 años, muere a los 18 años dentro de la secta.

P.- ¿De qué hablabas con ellas? Cuéntame, si puedes definirlo, cómo ellas logran interesarte a vos para que ingreses en la secta. ¿Ellas te nombraban la palabra «secta»?
R.- No, jamás nombraron la palabra secta. Sí... lo que ellas utilizaban era una metodología basada en leer la Biblia, nos reuníamos con ese propósito todas las tardes. Luego de leer la Biblia... a mí me parecía muy bueno, muy espiritual. Yo tengo una buena formación cristiana y me «sonaba» normal.

P.- ¿La Biblia era cristiana?
R.- Sí, era totalmente normal. Leíamos el Antiguo Testamento en la casa de ellas cuando los padres no estaban.

P.- ¿Los padres estaban al tanto de esta situación?

R.- Sí, totalmente, es más, la madre lo avalaba.

P.- O sea que hasta acá todo te parecía normal.

R.- Totalmente normal, ya que, te repito, yo pertenezco a una familia católica practicante además de asistir a un colegio religioso. Nada me parecía fuera de contexto. Pero luego de las lecturas y habiendo pasado un tiempo prudencial comenzamos con las canciones. Me hacían escuchar un disco que se llamaba *Tienes que ser un niño* y del otro lado *Los Planotaurios.*

El primero hablaba de volver a ser un niño para poder ir al cielo porque (*sic*) «al menos que un hombre se convierta y sea como un niño, no podrá entrar al reino de los cielos. Y *Los Planotaurios* se refería a ese brillo que hay en los ojos de las personas que predicaban. Pero esto fue muy lento. Luego de un tiempo de leer la Biblia y hacerme analizar sus textos, allí comenzaron a escuchar las canciones. En esta etapa me empecé a interesar por la música.

P.- ¿Qué te interesó de la música?

R.- El ritmo. Me parecía muy espiritual. Me hacía recordar las canciones de la iglesia, con guitarras, gente joven, me acordaba de las canciones del padre Alejandro, un sacerdote que cantaba con guitarra y siempre en casa lo escuchábamos. Tenía esa onda.

P.- Bueno, entonces hasta acá me contaste que leías la Biblia, escuchaban canciones, todo era armonía y espiritualidad. ¿Cuando volvías a tu casa, contabas esto a tu familia?

R.- Intenté contarlo y mi abuela me dijo que me dejara de embromar con esas cosas.

P.- ¿Por qué te dice eso?

R.- Directamente me dijo: «¡Es una secta!», y que ella no creía en nada, que si yo quería predicar, que fuera a misa, pero que nada que no tenga que ver con la doctrina cristiana era válido o bueno. Y ahí empecé a ocultar lo que hacía.

P.- O sea que si ya empezaste a esconder, era evidente que te sentías atrapada por algo. Al decirlo y que te prohiban esa actividad, generó en vos actuar ocultando la verdad. Evidentemente ya estabas adoctrinada. Mi pregunta es: ¿cuánto tiempo pasaron de lecturas y canciones? Quiero entender qué tiempo trabajaron en vos para lograr tu captación.

R.- Entre el momento que empecé y el que lo conté pasó más o menos un mes. Allí me lo prohibieron y lo comencé a ocultar.

P.- Hoy, luego de 20 años y haberlo analizado mucho, ¿consideras que en ese momento ya estabas muy atrapada?

R.- Sí. En ese momento, antes de contarle a mi abuela, conozco a un hombre que era amigo del hermano de las chicas, que tenía 24 años y un gran carisma. Para mí era un hombre —yo tenía 15 años— y nos hablaba a las tres sobre los problemas de la adolescencia, los problemas con los padres, nos pedía que no contemos en casa las charlas porque los padres siempre estaban en contra de todo, con ideas rígidas, sin entender lo importante que era vivir en comunidad. Me sentí comprendida.

P.- Este hombre, ¿donde aparece? ¿En la casa de las chicas?

R.- Aparece en la playa.

P.- Este hombre, al aparecer en este lugar, las chicas lo reconocen, ¿era amigo o conocido de tus amigas?

R.- Las chicas lo conocían. Estábamos en Playa Grande y me dicen que vaya con ellas para presentarme a... [no recuerda el nombre] Fulano de tal. «Él testifica y te va a preparar a vos para testificar». «Ya estás en condiciones de testificar», me dijeron. Esto era acercarme a amigas o compañeros de colegio o familiares adolescentes para enseñarles a leer la Biblia.

P.- ¿Qué pasa después de la aparición de este señor que se transforma en la comprensión absoluta de tus desdichas adolescentes? ¿Cómo sigue?

R.- Exacto, este hombre representaba para mí una idea: la idea de familia. Me sentía incomprendida por mi familia. Él me planteaba la idea utópica de una familia ideal, donde todos se amaban y se comprendían. Jamás se mencionó el tema sexual —jamás—. Sólo la idea de vivir en comunidad donde todos se aman. El saludo de este hombre era: «Hola, que tal, te amo».

P.- Este mensaje te lo daban en el momento en que el ser humano era más vulnerable.

R.- Exacto. Es tierra fértil. Es muy joven. Ellos no se metían con adultos. Ya ves que mis amigas tenían 11 y 14 años.

P.- Tus amigas, ¿iban a un colegio religioso?

R.- No, iban a uno laico muy prestigioso de Buenos Aires.

P.- ¿Prestigioso del Barrio Norte?

R.- Sí, en ese barrio.

P.- Cuéntame cómo eran los padres de tus amigas. ¿Por qué tenían tres hijos en los Niños de Dios? ¿Cómo era el ambiente familiar?

R.- La madre era alcohólica, el padre capitán de Navío y a veces se escuchaban discusiones entre ellos, echándose culpas uno a otro por la partida del hermano mayor a Ohio. La que más discutía era la madre, que acusaba constantemente al padre por la partida del hijo. El padre no hablaba, y la madre muchas veces compartía las canciones y rezos con nosotros. El padre jamás.

P.- ¿Y el padre no decía nada por las canciones o rezos?

R.- El padre se iba. Se «rajaba» al escucharlas. No estaba nunca y, si estaba, se encerraba en su escritorio.

P.- Vos eras muy chica, pero, si te acuerdas, ¿notabas que había alguna conexión entre la actividad del hermano y lo que ellas hacían acá?

R.- Sí, sobre todo con la menor. Había una conexión por cartas y llamadas desde Ohio, con la menor. Era la más confundida. La madre le decía que en unos años se iba a ir a vivir con el hermano. La mayor era más cerebral. Supongo que en algún momento salió de la secta. Hace poco me enteré de que es una persona con vida normal. La menor fue la que murió por drogas.

P.- ¿Murió allá en Estados Unidos?

R.- No, acá.

P.- Bueno, luego que aparece este señor, tú le cuentas a tu abuela, se arma un gran lío; ¿cómo era tu vida con tu familia? ¿Era una familia unida? ¿Existió algún problema o conflicto importante que a ti te empuja a buscar estas alternativas? ¿O era una familia estable?

R.- Era una familia normal. El tema era que yo era muy consentida. Tendrían que haberme puesto más límites. A mi madre no le hacía caso. Era un poco depresiva y yo era muy pegada a mi abuela, que era a quien respetaba más.

P.- ¿Y tu padre?

R.- Mi padre falleció cuando nací. En un accidente automovilístico. No lo conocí.

P.- ¿Tenías hermanas?

R.- Sí, dos. Me llevaba bien con mis hermanas. Teníamos nuestros dimes y diretes.

P.- ¿O sea que hoy piensas que fuiste captada por tu vulnerabilidad propia de tu adolescencia?

R.- Sí, era una época rebelde y buscaba comprensión, cualquier tonto que se acercaba y me decía «te entiendo» yo me enganchaba.

P.- Volviendo al hombre que aparece. ¿Cómo era de aspecto?

R.- Muy buen mozo. De buena pinta. Me acuerdo que me impactaba su distinción. Parecían los amigos de mis hermanas, «muy concheto».

P.- Evidentemente también como recurso de captación empleaban la imagen.

R.- Sí, absolutamente. Remeras y *jeans* de marca, mocasines de «Guido», una zapatería muy prestigiosa, de siempre. Era impecable. Todo bien. Era joven.

P.- ¿Después de la aparición de este personaje, ¿cómo siguió todo?

R.- Charlábamos en la playa. Horas de charla. Y luego de un tiempo me anunciaban los tres que ya estaba apta para recibir mi nuevo «nombre de hermandad». Este nombre me lo otorgan para ser iguales. «En la familia todos somos iguales», «todos tenemos nombres bíblicos», decían. Mi nuevo nombre era «Esther». No me gustaba. El de mi amiga, la de 11 años, «Heidi chispa». El mío era «Esther» con algo de sueños, tipo Esther sueños. Con ese nombre debía salir a testificar, cosa que empecé a hacer.

P.- ¿Dónde testificabas, por la calle, tocando timbre?

R.- No, era más sutil. Era captar a la gente más íntima tuya. Con la que tenía algún afecto, quizá por eso hablé con la abuela sobre el tema. Intenté testificarla a ella. Pensé que se iba a convertir. Le hablé de los «planotaurios». Casi me mata.

P.- Seguramente [risas].

R.- Me quería correr a escobazos [risas]. Pero ese día me encerró en un baño y lloramos las dos. Me hizo rezar mucho, llorando las dos. Llamó a los padres de mis amigas para que no aparezcan más por casa. Fue un caos.

P.- A pesar de esto, ¿empezaste a testificar?
R.- Sí.

P.- ¿Tuviste éxito?
R.- Nada. Porque intentaba testificar a mi abuela, a mi mejor amiga, y todos me decían que era una secta y que terminara con eso, que ellas iban a hablar con esa gente para que no me molestaran, querían hacer una denuncia policial. Yo les cantaba todo el día y me retaban.

P.- ¿Se enojaban contigo?
R.- Todos trataban de hacerme entender dónde estaba metida. Y yo cantaba.

P.- ¿Te acuerdas de alguna canción?
R.- Sí, te la canto:

«No mires atrás, mira lejos mi amor,
Mira lejos de la noche salvaje y oscura.
Mira derecho mi amor.
No mires atrás, mira lejos.
Que la noche es salvaje y oscura».

«Me dijeron que ya no podía volar.
Me dijeron que nunca volaría.
Pero aquí estamos en las alas del viento.
El cielo es infinito...».

... Se me pone la piel de gallina.

P.- Si te hace mal, cortamos.
R.- No, está bien, sigamos.

P.- Sé que los Niños de Dios tienen un diario interno de la comunidad, ¿lo viste alguna vez?

R.- Sí, me lo dieron, muy bien armado, con fotos. Ahí hablaban los «planotaurios».

P.- ¿Cómo era la foto de un planotaurio?

R.- Un hombre común con brillo en los ojos, con chispas en los ojos.

P.- ¿Cómo un iluminado?

R.- Exacto. Como que esa chispa te salía de los ojos a partir de que comenzabas a testificar. Yo ya tenía los «planotaurios». Y lo peor era que me veía esas chispas al mirarme al espejo.

P.- Entonces tus amigos no te aceptaban tus nuevas creencias.

R.- No, no pude convencer a nadie. Pero yo pensaba que ellos estaban en desgracia por no escucharme. Me daba mucha lástima por ellos.

P.- ¿Cómo sigue la historia?

R.- Siguieron las charlas con este hombre. Empecé a leer las cartas que enviaba el hermano de mis amigas desde Ohio. También fotos de su hermano en la comunidad. Tenía pelo largo, bien *hippie*, y allí íbamos a vivir todos donde te cuidaban y te amaban. En casa, por otro lado, me peleaba con todos, gritaba y todo me parecía mal. Si la sopa estaba caliente iniciaba una discusión. Yo me quería ir con los «Niños de Dios».

P.- ¿Cuándo decidiste irte?

R.- Mis amigas me decían que tenía que irme. Que Dios me había elegido y tenía derecho a una vida superior, en la que no existía el sufrimiento y los mandatos. Me regalaron un par de sandalias que decían «te amo». Luego de tres meses, a fines de febrero, ahí me dijeron que ya estaba lista.

P.- ¿Qué paso ahí?

R.- Una mañana, a eso de las 6:00, armé mi valija para irme. Mi abuela estaba en la cocina. Las chicas me pasaban a buscar y me llevaban a la estación de tren para irnos a Buenos Aires. Allí ingresaría en la comunidad, aparentemente en Buenos Aires, para irme luego a Estados Unidos. Tenía que escaparme ya que este hombre me avisó que mi partida no iba a ser comprendida por mi familia, como «Jesús no fue comprendido y murió en la cruz». Estaba recontraconvencida.

P.- Y luego de preparar las valijas, ¿qué paso?

R.- Se levantó mi hermana mayor y me vio y comenzó a gritar y a preguntar adónde iba. Llamó a mi abuela, que se despertó. Yo les pedí que me dejaran ir, y me decían de todo. Fue un caos. Todos llorábamos y gritábamos. Ahí se levantaron todos. Y se armó una charla familiar. Mis amigas pasaron a buscarme y mis hermanas salieron y les dijeron de todo (las sacaron a patadas).

P.- ¿Agredieron a tus hermanas?

R.- Nada. Ellas eran paz y amor. Pero mis hermanas les gritaban de todo y las empujaban para que se fueran. Yo lloraba mucho. Quedé encerrada por tres días llorando, pero mi familia y mi mejor amiga no me dejaron sola. Constantemente hablábamos de lo que había pasado.

P.- ¿Nunca más te molestaron los sectarios?

R.- Jamas. Pero yo estaba constantemente custodiada por mi familia. Hasta venía un sacerdote a casa todos los días. Mis hermanas lo traían. Se armó un bloque entre mi familia y mi amiga. Todos estaban organizados para contenerme y no dejarme sola. Gracias a eso pude salir. Ahí terminó todo.

—Muchas gracias por tu relato.

—De nada.

Entrevista a José María Baamonde

Entrevista realizada al licenciado José María Baamonde, psicólogo, director de la que fuera Fundación SPES (Servicio para el Esclarecimiento en Sectas), y hasta el momento de su fallecimiento (2006) principal investigador del fenómeno de las sectas y nuevos movimientos religiosos.

La Fundación se encontraba ubicada en la calle Bolívar, n.º 219, 2.º piso, compartiendo el edificio con la sede del Arzobispado de Buenos Aires.

Al llegar, una oficina sencilla me recibe. Luego de unos minutos de espera ingresa el licenciado Baamonde con quien comienza una ida y vuelta de preguntas.

Nos saludamos, y él, con una gran curiosidad, pregunta por qué elegí las sectas para un trabajo de investigación. Corrijo aclarándole que mi verdadero interés radicaba en el problema de los adolescentes en las sectas, qué ocurre en un adolescente para lograr su captación y, lógicamente, incluía en esta investigación a su familia.

Si bien le recuerdo mi participación en el curso dictado por él mismo en el que obtengo muchísima información referente al tema y muy completa, la cual consta en este libro, la intención era focalizar la entrevista sobre la participación del trabajador social en las sectas.

Pregunta.- ¿Cuál es la importancia del trabajador social en esto de las sectas?

Respuesta.- Es muy importante en todo el proceso, desde la captación hasta su liberación y posterior reinserción familiar y laboral. En todo momento el trabajador social tiene una tarea muy ardua con el adolescente y su familia. Todo el equipo interdisciplinario que trabajamos en un determinado caso, nos transformamos en trabajadores sociales y aprendemos de ellos. Su tarea es fundamental conteniendo, mediando y ayudando a resolver la problemática emergente entre el adolescente, su familia y la secta.

En todo momento de la entrevista José María Baamonde elogió la tarea de la trabajadora social que se encuentra en su equipo de trabajo: «Ella coordinaba la acción y todo el grupo aprendía mucho».

Relató un caso de una menor de cuatro años nacida en la secta los Niños de Dios. Lograron rescatarla por medio de un proceso judicial. Sus padres quedaron dentro del movimiento.

La menor fue «secuestrada» por el equipo del licenciado Baamonde y la Policía Federal Argentina. La menor no fue aceptada por sus familiares directos, una tía y el abuelo, ya que no quisieron involucrarse en el proceso de desprogramación de la menor.

P.- ¿Cuál fue el papel que desempeñó la trabajadora social en este caso?

R.- La trabajadora social se llevó a la niña a su casa particular a vivir hasta que se encontrara, luego de su adaptación, un hogar de tránsito o adopción. Fueron años muy duros para todos nosotros. No fue una tarea fácil su adaptación. Tenía incorporadas costumbres y normas totalmente diferentes, sobre todo sus valores morales estaban distorsionados. Fue muy difícil. La trabajadora social trabajó en todo el proceso desde el comienzo del operativo hasta lograr su reinserción social. Hoy en día esta niña es una mujer de 22 años, abogada con diploma de honor de la Universidad de Massachusetts, EE. UU., con una vida personal y profesional brillante.

Continúa la entrevista y comienza a sonar el teléfono y el timbre de la calle a la vez. Nadie contesta. Se asoma a la ventana y no ve a nadie. «Deben ser los umbanda», me dice el licenciado.

P.- ¿Son usuales las amenazas hacia su persona o familia?

R.- Sí. Meses atrás culminé un juicio por casi dos millones de dólares iniciado por el movimiento Los Niños de Dios/La Familia, con resultado adverso para los mismos.

El juicio fue iniciado el 4 de marzo de 1994 por integrantes del movimiento que fueron procesados luego de los procedimientos efectuados por un juez federal en 1993, quienes encontrándose fuera del país, otorgaron un poder especial al Dr. Federico Guillermo Figueroa, para que lo llevara adelante. La causa de la querella respondía a la calificación penal de «calumnias e injurias» por el libro de mi autoría *La Familia. La verdadera historia de los Niños de Dios*, de Editorial Planeta.

Dicho libro consiste en el informe más completo sobre el movimiento en cuestión publicado en español, caracterizándose por estar constituido en un 75% con documentación de uso interno del mismo grupo, transformándolo en un trabajo irrefutable.

Seis años más tarde soy sobreseído del cargo, resaltando el juez actuante en su resolución que «... aparece evidente el desinterés de la parte querellante en continuar con la substanciación del trámite».

Se infiere que este supuesto «desinterés», obedecería no sólo a la imposibilidad de proseguir con las actuaciones por la amplia e irrefutable documentación que integra el libro, sino porque también responde a una estrategia para amedrentar a investigadores y periodistas, dictada por quien fuera el fundador líder hasta hace pocos años de Los Niños de Dios/La Familia, David Berg o Moisés David.

En una de las *Cartas de Mo*, titulada «Cómo tomarlo», y que también se consigna en el libro cuestionado, el líder del movimiento recomienda:

«Hemos aprendido varias lecciones en esta reciente guerra de palabras, y una de las primeras es: "No aguantes sin chistar! ¡Devuelve el golpe con réplicas, refutaciones, entrevistas, insiste en que se oiga tu versión! Ve con tu abogado directamente al tribunal criminal y presenta cargos contra el periódico por delito de calumnia. Esto difiere ampliamente de un pleito civil; quiere decir que han violado una ley criminal, que los pueden llevar a la cárcel y castigar con una multa de mucha cuantía [...]. Seguidamente, ve derecho a los periódicos y comunícales que has presentado demanda de un millón de dólares por daños y perjuicios contra Fulano de tal o cual, como lo hicimos en Estados Unidos contra la Free-COG. Probablemente se demore un año en llegar a las cortes y ya para entonces no será novedad, y habrás hecho c.... de susto a los otros periódicos impidiéndoles que te ataquen del mismo modo, por miedo a que les caiga a ellos una demanda"»[1].

Proseguimos el diálogo preguntándome él por la Universidad a la que yo pertenecía: Instituto Universitario de la Policía Federal Argentina. Le resulta muy interesante ya que su Fundación cuenta con un gran apoyo por parte de la fuerza pero carece de personal especializado en la problemática de las sectas. «Usted debería trabajar con ellos luego de todo este trabajo que ha realizado», me sugiere. Yo le contesto que aunque sería muy interesante aún debo obtener experiencia práctica.

P.- ¿Cómo es la acción de la Policía con respecto a las sectas?

R.- La policía se encuentra limitada en su accionar ya que todos estos movimientos se encuentran legalmente inscriptos en la Ley de Cultos por lo que la lucha contra ellos es limitada.

P.- ¿La Iglesia Universal es una secta?

R.- Todas las iglesias con estas pastores que predican atraen mucha gente en estado de vulnerabilidad absoluta. Invitan a sus templos para orar y prometiendo soluciones mágicas. Hasta ahí todo funciona como un elemento de contención que se podría decir que no es del todo nocivo. El problema comienza allí cuando el feligrés es captado mediante engaños y comienza la segunda etapa de la captación con una conducta sectaria por parte del movimiento donde el asistente se involucra con sumisión no solamente él sino toda su familia incluso sus bienes materiales. Todas estas iglesias son sectas organizadas cuya cabeza es un psicópata que termina obteniendo ganancias de sus adeptos.

P.- En uno de sus libros habló sobre el Opus Dei como de una sec-

---

1 David Berg, *Cartas de Mo*, DFO n.º 597, 23/08/77, puntos 1-6 y 19.

ta. ¿Es así?

R.- No, no es una secta, es sólo un movimiento católico elitista y muy cerrado.

P.- En esta lucha suya, ¿es apoyado por el Poder Judicial y por la Iglesia?

R.- Tanto dentro del Poder Judicial como dentro de la Policía existen integrantes de las sectas infiltrados que ponen palos en las ruedas. Lamentablemente están por todos lados. Tienen mucho poder económico y se mueven dentro de cierta legalidad. Con respecto a la Iglesia no se involucra demasiado ya que por principios dogmáticos no reconoce abiertamente la existencia de estos nuevos movimientos religiosos, como se les llama ahora.

A estas alturas de la entrevista, se notaba el cansancio del licenciado Baamonde ya que había tenido un día de mucha actividad. Trabaja de mañana en un Instituto de Rehabilitación neuropsiquiátrica que le demanda mucha atención ya que trata pacientes terminales.

—Le agradezco su tiempo y la información que me ha brindado.

—Le voy a pedir un favor: una copia de su tesis el día que la termine. No la voy a acusar de plagio. Le prometo.

La entrevista concluyó con mi aceptación: «Trato hecho».

***

De estas dos entrevistas, en las que se ha dialogado tanto con una persona exsectaria como con un profesional dedicado a la lucha contra las sectas, aparecen denominadores comunes que nos servirán como conclusiones.

En primer lugar, la vulnerabilidad del adolescente, conformada por un conjunto de factores psicosociales que aumentan predisposición ante la acción proselitista, líderes psicópatas, destrucción del ser humano y su total disgregación familiar.

El rol del trabajador social aparece como indispensable dentro de esta problemática con el adepto y con su familia: desde la prevención, durante el proceso de captación, la liberación y su reinserción familiar y social.

Es necesario y evidente que desde el trabajo social se deben intensificar las acciones orientadas a los adolescentes en riesgo a ser captados, trabajando en conjunto con el grupo familiar.

BIBLIOGRAFÍA

BAAMONDE, José María. «La realidad del fenómeno sectario en Argentina» en *Grupos totalitarios y sectarismo. Ponencias del II Congreso Internacional,* AIS/CROAS, Barcelona 1993.

BAAMONDE, José María. Serie Dixi-Signum. Edición Fundación SPES, 1994.
«Introducción al fenómeno de las sectas».
«Los nuevos movimientos religiosos en la Argentina».
«Lavado de cerebro».
«Qué hacer frente a un afectado».
«Las sectas en las escuelas».
«La educación en las sectas».

BAAMONDE, José María. *La familia. La verdadera historia de los Niños de Dios.* Editorial Planeta, 1993

DE LA SERNA, Eduardo. *Las sectas, un desafío.* Buenos Aires, 1996.

GARCÍA ATIENZA, Jorge. *El lado oculto de las sectas.* Colección Biblioteca Básica de Espacio y Tiempo. Madrid, 1991.

MENDOZA, E. *Los elegidos. Líderes, pastores, iluminados y consejeros.* Editorial Artemio & Edinter. Guatemala, 1996.

MORONTA, Mario. «Actitudes Pastorales frente al fenómeno del satanismo». *L'Osservatore Romano.* Febrero de 1997.

«El fenómeno de las sectas y nuevos movimientos religiosos» (curso). Fundación SPES, Buenos Aires. Mayo/septiembre de 2001.

«La invasión de las sectas: el debate sobre los nuevos movimientos religiosos en los medios de comunicación en la Argentina». Artículo de *Sociedad y Religión*, Buenos Aires, 1993.

«Perspectivas actuales sobre conversión, desconversión y lavado de cerebros». Artículo de *Nuevos movimientos religiosos y ciencias sociales*». Volumen II.

Made in the USA
Monee, IL
04 November 2026

67383114R10098